教育管理与学生心理教育

罗希贝利 著

云南人民出版社

图书在版编目（CIP）数据

教育管理与学生心理教育／罗希贝利著. -- 昆明：云南人民出版社，2025. 1. -- ISBN 978-7-222-23593-9

Ⅰ. G640；G444

中国国家版本馆 CIP 数据核字第 20245CW695 号

组稿统筹：冯　琰
责任编辑：武　坤
责任校对：王曦云
封面设计：李　杰
责任印制：窦雪松

教育管理与学生心理教育
JIAOYU GUANLI YU XUESHENG XINLI JIAOYU

罗希贝利　著

出　版	云南人民出版社
发　行	云南人民出版社
地　址	昆明市环城西路 609 号
邮　编	650034
网　址	www.ynpph.com.cn
E-mail	ynrms@sina.com
开　本	787 mm× 1092 mm　1/16
印　张	8.25
字　数	180 千
版　次	2025 年 5 月第 1 版第 1 次印刷
印　刷	唐山唐文印刷有限公司
书　号	ISBN 978-7-222-23593-9
定　价	78.00 元

如需购买图书、反馈意见、请与我社联系

总编室：0871-6410912　发行部：0871-64108507　审校部：0871-64164626　印制部：0871-64191534

版权所有　　侵权必究　　印装差错　　负责调换

PREFACE 前言

在当前复杂多变的教育环境中，教育管理与学生心理教育的重要性日益凸显。本书旨在提供一个全面的框架，探讨如何有效地结合教育管理理论与实践，在教育过程中更好地关注和支持学生的心理健康。

第一章深入探讨了教育管理学的理论框架，为读者呈现了教育管理学的基本概念、理论及其应用方法。此外，本章还讨论了教育管理研究的各种理论和方法，旨在为读者提供扎实的理论基础，以便更好地理解后续章节的内容。

第二章则聚焦于教育管理的本质研究，通过分析教育管理的基本概念、属性及其内在矛盾，帮助读者深入理解教育管理的复杂性和挑战性。

随着书籍内容的深入，第三章详细讨论了教育管理系统的组成部分及其各自的角色和功能。本章涵盖了从学校到政府、家庭以及教师和学生的多方面职责，阐述了各方在教育管理体系中的重要性和互动关系。

第四章关注于教育质量的评估，探讨了教育质量评估的基本概念、要求及方法，旨在提高教育管理的效率和效果。

第五章到第七章则专注于大学生的心理教育，从大学生活的适应、自我意识的觉醒、心理问题的分析，到心理问题的预防措施、干预工作机制的建立，以及心理咨询方法的应用，这些内容都旨在帮助教育工作者理解和应对学生在高等教育过程中可能遇到的心理挑战。

本书内容的安排，是希望能够为教育管理者、教师、心理咨询师以及对教育学感兴趣的研究者提供实用的参考和深刻的洞见。本书通过理论与实践的结合，探索教育与心理学的交叉领域，助力读者更好地理解并应用这些知识，以促进学生的整体发展和心理健康。

在教育的道路上，我们每一步的前行都不仅是对知识的追求，更是对生命的尊重和对未来的期待。希望本书能成为您的良师益友，引领您深入探索教育管理与学生心理教育的精彩世界。

作　者

2024 年 5 月

目 录

第一章　教育管理学的理论框架 … 1
第一节　教育管理学概述 … 1
第二节　教育管理学研究的理论和方法 … 6

第二章　教育管理的本质研究 … 16
第一节　教育管理的概念和属性 … 16
第二节　教育管理的矛盾分析 … 30

第三章　教育管理系统组成部分的角色与功能 … 37
第一节　教育管理系统概述 … 37
第二节　学校是教育管理的第一责任人 … 48
第三节　政府在教育管理中的职责 … 56
第四节　家庭是教育管理的直接受益人 … 67
第五节　教育管理中的教师和学生 … 74

第四章　教育质量评估研究 … 79
第一节　教育质量评估概述 … 79
第二节　教育质量评估的几点要求 … 84
第三节　教育质量评估的方法 … 89

第五章　大学生心理教育 … 96
第一节　大学生活的适应 … 96
第二节　大学生自我意识的觉醒 … 101
第三节　大学生活中的心理问题分析 … 106

参考文献 … 122

第一章 教育管理学的理论框架

研究高等教育管理可以从不同的角度切入。首先，从高等教育管理的科学性角度来看，可以将其视为一门学科来进行研究。其次，从高等教育的本质功能出发，侧重于研究管理实践及其活动规律。最后，可以将两者结合起来，先明确其学科性质，再从科学性角度研究高等教育管理的实践活动及其规律。我们提出的高等教育管理学的研究，并不只是系统性的学科理论研究，而是在其基础上通过几个主要的专题研究，来阐明其科学性，更好地探索高等教育管理的规律问题。希望这种研究能够为更深入地认识和了解高等教育管理提供一些基本思路，并为从事高等教育管理的实践活动提供认识上的帮助。

第一节 教育管理学概述

教育管理学的科学性表明，它是一门跨越人文科学与社会科学的交叉应用科学，通过相关知识体系对高等教育管理的本质、目的、原理和方法进行理论与实践的研究。首先，高等教育管理学是一门研究高等教育管理活动的科学。《辞海》将"科学"定义为运用范畴、定理、定律等思维形式来反映现实世界各种现象的本质和规律的知识体系，是社会意识形态之一。科学的概念明确了科学是怎样的知识体系，"知识体系"作为一种实用的知识结构，通过其构成的规律，具有严密的条理性。

一、学科与专业

我们从学科的角度研究高等教育管理学。首先，什么是学科？一般认为，学科有两个含义。第一个含义是指学术的分类，涵盖一定的科学领域或分类，如自然科学中的物理学、生物学，人文社会科学中的史学、教育学等。从某种意义上说，学科是与知识相联系的学术概念，是自然科学、社会科学两大知识体系（或自然、社会、人文三分体系）内各知识子系统的集合概念。学科是科学领域的专业化，是自然科学、社会科学概念的下位概念，是科学的具体描述。国家标准GB/T13735-92根据学科研究对象、研究特征、研究方法、学科派生来源、研究目的等5个方面对学科进行分类，分为A.自然科学、B.农业科学、C.医药科学、D.工程与技术科学、E.人文与社会科学5个门类，并设有一、二、三级学科，共有58个一级学科。根据20世纪80年代的一项统计，当今自然科学学科近万种；另一项统计显示，当时有5550个学科，其中非交叉学科为2969个，占53.5%，交叉学科2581个，占46.5%。

学科的第二个含义是指高校教学、科研等的功能单位，是对高校人才培养、教师教学、科研业务隶属范围的相对界定。学科建设中"学科"的含义侧重于后者，但与第一个含义也有关联。研究高等教育管理学时，我们更多的是从第二个含义出发，既研究其学科性质，也研究其与高校教学、科研等的关系。

从科学研究或教学的角度来看，高等教育管理学不仅有完整的理论体系，也是一门应用性较强的学科知识体系，在大学教育研究中常站在学校自身功能的角度进行研究。目前的研究主要针对高校自身，与社会关联度不高，仅从纯理论或纯学科角度进行研究远远不够，这也不是研究高等教育管理学的最终目的。只有明确学科性质、结构、内在联系，才能拓宽研究视野。尤其是从社会属性来看高等教育管理学的规律性，及其与其他学科的关系，以此指导研究高等教育管理学非常有益。

目前我国普通高校的研究生教育和本科教育的学科划分为11个门类：哲学、经济学、法学、教育学、文学、历史学、理学、工学、农学、医学、管理学。军事院校的学科门类统称为军事学，与其他11个门类合计为12个门类。根据1997年颁布的《授予博士、硕士学位和培养研究生的学科、专业目录》，我国高校一级学科从原来的72个增加到88个，二级学科（学科、专业）从原来的654种减少到381种。1998年教育部颁布的《普通高等学校本科专业目录》显示，高校本科教育学科专业包括11个门类，涵盖72个二级学科和249个专业。

从高等教育的科学研究体系来看，学科是高等校教育的知识组织体系，高校的各种功能活动都是在学科中展开的。没有学科，无法开展高等教育的专门人才培养活动，也无法进行系统的科学研究或社会专业服务。

高等教育管理学涉及两大基础学科：教育学和管理学。高等教育管理学在这两大基础上形成，是一门新兴学科，旨在运用先进的管理思想、方法和手段研究高等教育管理活动，以实现既定的高等教育目标。因此，在研究高等教育管理的过程中，我们不能脱离教育学和管理学的基础，例如教育学和管理学的基本规律。

高等教育管理学研究的目的和重点应该落实在教育上，因为大学教育是一种专业教育。那么，什么是专业？专业通常是指高校或中等专业学校根据社会分工需要而划分的学业门类。专业的定义可以从广义、狭义和特指三方面来解释。广义的专业概念是指某种职业不同于其他职业的特点，包括脑力劳动和体力劳动的特征。狭义的专业主要指特定的社会职业，其从业人员从事高级、复杂且专门化程度较高的脑力或技术性体力劳动。特指的专业则是指高校中的专业，它是一种由学科知识、社会分工和教育结构三位一体构成的概念：社会分工是专业存在的基础，学科知识是专业的内核，教育结构是专业形成的表现形式，三者共同构成高校人才培养的专业。专业是建立在学科基础上的，与学科有着内在联系。学科是科学知识体系的分类，不同的学科代表不同的知识体系，而专业则是在学科知识体系基础上形成的。离开学科知识体系，专业也就失去了存在依据。一个学科可以由若干专业组成，不同学科之间也可以组成跨学科的专业。因此，学科与专业是不同层次的概念，但容易被混淆。这种混淆会在高等教育管理活动中对基本概念的认知带来模糊性，也导致对学科和专业建设的认识不清，从而影响对高等教育管理学的学习和研究。

学科与专业的构成是有界定的。从专业和学科构成的要素来看，学科的构成要素主要包括三个方面：一是研究的对象或领域，即独特且不可替代的研究对象；二是理论体系，包括概念、原理、命题、规律等构成的逻辑知识体系；三是方法论，即学科知识的产生方式。专业的构成要素则包括五个方面：一是专业教育目标、课程体系和专业人员；二是专业培养目标和专业活动；三是课程体系的知识结构，它是社会职业需求与学科知识体系结合的产物，是专业的具体内容；四是课程体系结构，课程和知识结构的合理设置及质量直接影响人才培养目标的质量和社会适应性；五是专业教育的基本条件，包括专业人员、场所及对象，即教育者和受教育者，以及教学实验条件等，是一种综合互动的过程。

从学科和专业的社会功能来看，两者追求的目标不同。学科的发展目标是知识的发现和创新，以科研成果的形式服务于社会，分为科学型和技术型。专业的目标是为社会培养各级各类专门人才。学科与专业的目标区别体现了其不可替代性，但两者并存又是高校的一种特有现象，相互依存，相互促进，形成了高校的三大功能：教学、科研和服务（实际上主要是教学和科研的服务功能）。专业是学科承担人才培养职能的基地，学科是专业发展的基础。高校人才培养质量很大程度上取决于其学科和专业的水平。在专业建设与学科建设中，专业往往被等同于二级学科，导致学科建设与专业建设之间的混淆。因此，概念不清会影响学科研究，尤其是综合和交叉应用学科的研究。由于学科和专业的特性、功能不同，其侧重点也不同，从而在大学中形成了不同类型的学校，如研究型大学、研究教学型大学、教学研究型大学和教学型大学。

二、学科属性

属性是指事物的本质特征。在讨论教育管理学时，我们可以看到学科属性的问题，包括学科的社会属性和自然属性。学科的属性指的是该学科的类别范畴及其本质特征。在某种程度上，学科的分类也反映了科学的分类。现代科学一般分为社会科学和自然科学。

社会科学是研究社会现象的科学，包括政治学、经济学、军事学、法学、教育学、文艺学、史学、语言学、民族学、宗教学、社会学等，任务是研究并阐述各种社会现象及其发展规律。早期，科学的概念常被称为人文科学，它与人类文化发展及利益有关，但不同于中世纪教会主导的神学。在古代欧洲，社会科学曾狭义地指拉丁文、希腊文、古典文学等研究，包括哲学、经济学、政治学、史学、法学、文艺学、伦理学、语言学等。

人文科学与社会科学难以明确区分，两者与人类的教养、文化、智慧、德行有关。如果有区别，那么人文科学直接研究人的需要、意志、情感和愿望，强调人的主观心理、文化生活等个性方面；而社会科学则强调人的社会性、关系性、组织性、协作性等共性方面。因此，人们通常将人文科学和社会科学合称为人文社会科学。社会科学也包括了人文科学，所以我们提到的社会科学往往是人文社会科学的简称。

自然科学是研究物质世界的科学，探究物质的运动、变化与性质。在自然科学家的努力下，我们更好地了解了周围世界的存在与运行规律。当牛顿提出万有引力定律，人们的视野从地球扩展到宇宙；当爱因斯坦提出相对论，人们了解到规律并不总是易于理解；霍金的理论让我们知道可以通过理论推导而非亲眼所见来认识某些事物的存在。由此，自然科学的研究逐渐从可见事物转向不可见或遥远时空中的事物。宏观与微观两个极端的研究，比如从夸克到行星，通过机器帮助可以验证理论的正确性，但到达"场"的层面时，科学家们只能通过推理推测其性质，再通过场中物质的变化来证明推论。今后，自然科学将更多依赖理论推断。随着科学技术的发展，观察、了解、探测的方法与技术极大地帮助了科学研究。未来，自然科学将探索出越来越难以看到甚至难以理解的事物，这将更考验人们的推理能力与想象力。在18世纪以前，自然科学与哲学密不可分。古希腊的哲学家也是自然科学家，如笛卡儿、莱布尼茨、洛克等。亚里士多德被视为自然科学的创始人，而伽利略则是引入实验研究的先驱，但他们同时也是哲学家。科学的循环规律对社会科学的认识论有重要意义，因为它标志着主体与客体间的相互作用：主体通过自己的活动认识客体，也在作用于客体时认识自己。社会科学虽是最复杂、最困难的学科，但在科学的循环中占据着重要位置。社会科学作为其他科学的主体，但不能与其他科学分离，以避免简单化。把主体放回到行动和思想的出发点，社会科学使科学的循环性和内在紧密性变得易于理解。

教育学是一门探讨人类教育现象和问题、揭示一般教育规律的科学。高等教育，基于完整的中等教育，旨在培养具有学术性或职业性的高级专门人才。在现代语境中，高等教育的任务是培养具备创业精神和实践能力的高级专门人才，推动科技文化的发展，促进社会主义现代化建设。高等教育学作为一门科学，关注高等教育的运行形态和基本规律，它是一门综合性、理论性及应用性兼具的教育科学。

教育是一种普遍存在于人类生活中的社会现象，是有目的的社会人才培养活动。现代社会和教育实践的发展对教育学的研究提出了更高的要求。教育学的研究内容广泛，涵盖教育本质、教育与社会及人的关系、教育的目的与内容、教育实施的途径与方法以及它们的相互关系，教育过程、教育主体与客体的关系，教育制度与管理问题，以及体现中国特色的各种教育理论和实践等。

高等教育管理学是教育学的一个分支，它通过研究高等教育管理活动的现象和问题，揭示高等教育管理的一般规律。教育规律表现为教育、社会、人之间以及教育内部各因素之间的内在、本质的联系和关系，这些规律具有客观性、必然性、稳定性和重复性，如教育与社会的政治、经济、文化、人口关系，教育活动与个人发展的关系等。

高等教育学专注于研究人的高级社会化活动的生理、心理过程，这些过程的有效实施依赖于有效的管理。没有有效的管理，高等教育的目标和任务将无法实现。通过运用管理学中的基本方法和手段（如数学、生物学、计算机技术等自然科学的方法和技术），高等教育的目标才能达成，从而形成了高等教育管理学。

高等教育管理学的基本层面属于社会科学，但它的技术层面具有自然科学的性质。因此，将高等教育管理学归类为应用科学是合理的。应用科学作为社会科学和自然科学的交叉领域，代表了两者的融合，这也体现了社会科学与自然科学之间的融合与交叉，从而构成了一个独立的科学类别。

既然高等教育管理学是一门应用科学，确切地说，是自然科学方法在社会科学中的应用，是管理学的原理、原则、方法在高等教育中的具体应用，那么，我们需要搞清楚高等教育管理学研究的侧重点。笔者认为，这一侧重点应该在于管理学的原理、原则、方法的具体应用上。然而，我们不应只关注应用本身，为应用而应用，否则这种研究容易陷入实用主义的怪圈。我们需要从认识论和方法论的角度来研究这种应用的科学性与合理性，形成一种应用规则，找出共性与个性，为研究提供启示。应用规律的研究必须建立在高等教育基础上，这决定了高等教育管理研究的特点和高等教育管理学的特殊性。我们研究学科与专业、社会科学与自然科学的目的显而易见：只有弄清它们各自的本质特征、意义与内涵、差异与共性、独立与联系等，才能在高等教育管理中，将教育学的理论与管理学的原理、方法融会贯通，从而在实践中运用自如。

第二节　教育管理学研究的理论和方法

一、认识论

认识论是探讨事物本质、事物认识与客观现实存在关系，以及事物认识过程及其规律、认识的真理标准等问题的哲学学说。唯心主义认识论否认物质世界的客观存在，坚持从意识到物质的认识路线。唯物主义认识论坚持从物质到意识的认识路线，强调物质世界是客观实在的，认识是人对客观实在的反映。辩证唯物主义认识论进一步把实践作为认识的基础，将辩证法运用于认识论，从而形成了辩证唯物主义的认识论。这一认识论是马克思主义哲学思想的根本，为我们建立正确的认识论提供了指导。

在高等教育管理活动中，管理的对象是人，一群拥有高级专业知识的人和接受专门知识教育的青年学生。要认识他们之间的教与学过程，以及教学管理活动，需要有正确的认识论，才能找到合适的管理方法与手段。高等教育管理活动的效果具有延时性，因此其设计应具备前瞻性。高等教育管理中的矛盾也具有特殊性，我们应运用辩证唯物主义的认识论来分析和解决这些矛盾，避免盲目性、绝对化、简单化，因为高等教育管理过程就是协调和解决这些矛盾的过程。

（1）研究高等教育管理学需要把握唯物辩证法的二元论。所谓二元论，在哲学上有两个方面：一是形而上学的二元论，二是认识论上的二元论。前者说明在任何既有的领域内，都存在两个独立而不可相互还原的实体，换言之，宇宙的根本实在是二而非一。例如，柏拉图的二元论将感性世界和睿智世界分开，我们不能将前者还原成后者或相反。近代的笛卡儿及其学派的二元论认为，根本实体有二：思维性的实体和具有扩延性的实体，即精神与物质之分。莱布尼茨及其学派也提出特殊的二元论，将世界分为现实的和可能的，并认为我们所在的世界是所有可能世界中最好的一个。德国哲学家康德的二元论则主张我们所能认识的只是现象，即经验及可能经验的事物，而物自体或本体不可知。

这里提到的二元论是在探求世界本源问题上，认为存在两个基本来源的一派思想。譬如心物二元论，它认为世界的基本构成是精神现象和物质存在，两者无共同来源，因此是平行的。

（2）我们也要从多元的角度来认识事物。多元论主张世界由多种本原构成，是一元论的不同表述形式。把世界归结为多种物质本原的学说是唯物主义的多元论；而把世界归结为多种精神本原的学说是唯心主义的多元论。

从社会学的角度来看，当今社会本来就是一个多元的社会，唯物主义的多元论提醒我们在高等教育管理活动中要充分认识事物的多元性，否则认识可能会产生偏差，只顾及其一而忽视其他。认识方法的多元论意味着多角度、多视野地看待事物。二元论与多元论在认识事物的目的上并不矛盾，这取决于所研究的具体事物。

此外，认识论与方法论也可以是多元的。比如在我们的认识论中，还有矛盾的对立统一（教育与经济、主观与客观、自身与社会、甲系统与乙系统、刚性管理与柔性管理）的观点，形而上与形而下（上层建筑的社会属性、经济基础的实用属性）的观点，道论（不同于道家的无始、无终、无象、无名、无思、无欲等，或亚里士多德的处于两个极端之间）的观点，中庸之道（改革与稳定、共赢）的观点，兼容并蓄（古为今用、洋为中用、益为我用）的观点等。这些观点既可能在认识论中体现，也可能在认识事物的过程中体现。

因此，没有辩证唯物主义的认识论，我们既无法达成管理上的一致认识，也无法进行管理上的抉择。

二、价值观

高等教育管理的目标或目的，表面上体现在具体指标上，但实际上取决于目标设立者或目的提出者的价值观。它由终极目标的价值观和管理过程中的行为价值观形成了一个价值观链。认识论层面有两个方面：一个是对管理活动目标的价值观认识，另一个是管理活动中的认识论。价值观层面的认识论非常重要，且管理活动中的认识论也在一定程度上体现了价值观上的认识论。在高等教育管理活动中，有些认识是判断性的决断，但有些则不能简单地、随意地做出，因为决断是管理活动的第一步，只有项目决断了才能实施，而认识缺失必然导致决断失误。价值观是人们对事物价值认识的思想体系，是价值认识的具体反映。高等教育管理是一种特殊的专业化管理，我们需要弄清楚高等教育管理的价值取向、价值的形成、成员价值的关系，以及价值观念的协调等问题。

高等教育管理的价值取向是一个深刻的问题，高等教育管理的目标价值是管理集体中成员的基本共识。高等教育管理的目标是使高等教育资源得到充分有效的利用，产生最大的效益。对社会效益和经济效益的认识与把握反映了管理者的价值观取向。所谓价值观，简单来说，就是关于价值的观念。它是客观价值关系在人们主观意识中的反映，是价值主体对自身需求的理解，以及对价值客体的意义与重要性的看法和根本观点。它包括价值主体的价值取向，以及对价值客体及自身的评价。价值是客观的，但价值观念则是主观的。由于人们的社会生活条件、经验、目的、需求、兴趣、情感、意志等不同，价值观念也各不相同。这种主体差异性是价值观念的重要特点之一。价值观的主体可以是个人，也可以是群体。高等教育组织及其活动的价值观，是一种以高等教育组织及其活动为主体的价值观念，是这种主体人格化的产物。具体来说，价值观是追求教育目标成功过程中，对高等教育活动和目标追求及自身行为的根本看法与评价。它解释了高等教育组织秉承什么、支持什么、反对什么。

价值观可能在经历中自然形成，表现在我们的思维与行为模式中。我们的一切都渗透着内心真实价值观的影子，但当我们试图通过内省来表达它时，只能用一些僵化的词汇。实际上，指引我们行为的价值观不是静态理念或规范，而是一系列心理过程。任何价值观的作用情景都对应于内在心理过程，包括责任推断、行为选择、是非判断等。表达价值观的词汇仅是其外在表现，真正起作用的是心智因素和对社会习俗与压力的反应。比如，公平是相处各方对利益表达程序、利益分配方案的接受与认同，包括在协调认知分歧时起指导作用的权力分配、议事原则的透明与一致。公平并非一方对另一方的恩赐，也不是某一方的美德。公平作为一种处理社会关系的公开信念，需要双方合作与积极参与，任何一方无法单独决定过程是否公平。在高等教育管理活动中，以人为本、尊重他人也是多角度的概念。尊重既是相互关系的准则，也是相互关系的一种状态。作为准则，尊重意味着单方面率先尊重他人，承认他人的个性、思想与观念，同时真诚表达自己的意愿，这有时是一种艰难的平衡。作为一种管理状态，尊重则以被尊重者的感受为标准，这种体验未必总是顺从或愉快，但必须体现关怀、真诚、互动、谦卑或适宜的态度。尊重不仅是一种出发点，还必须兼顾对象感受的过程。

越来越多的高等教育管理者意识到高等教育管理文化的重要性，尤其是大学管理文化和核心价值观对高等教育及大学发展的影响。核心价值观，也称为"关键信念"，是一个组织所拥护和信奉的原则，是其最重要且永恒的信条，不随时间而改变。高等教育活动及组织内部的人拥有固有的价值和意义，核心价值观决定了组织对好坏、对错等问题的判断。然而，真正的核心价值观必须经受时间的考验。高等教育活动的目标价值、价值观与高等教育组织的价值观是高等教育活动及其组织目标同社会发生联系时所产生的作用与意义。高等教育活动目标作为价值主体与客体的统一而存在。作为主体，它是价值的享用者、占有者、获取者；作为客体，它又是价值的创造者、提供者、贡献者。

价值观是价值主体在长期工作和生活中形成的对价值客体的根本看法，是长期形成的价值观念体系，具有鲜明的评判特征。一旦形成，价值观容易成为管理者抉择的依据。在高等教育组织或个人面对矛盾、处于两难选择时，支持决定的是价值观。提倡什么、反对什么、弘扬什么、抑制什么，这些决定了高等教育的管理活动如何有效处理与社会和个人价值准则的关系，并通过约束和激励员工的决策行为，使组织运转更加高效。高等教育管理文化的价值观是组织领导者与员工判断正误的标准，一旦建立并成为共识，将成为长期信念，为高等教育组织提供持久的精神支撑。

三、经验体系与理论体系

众所周知，理论体系与经验体系是相伴而生的，因此，研究理论体系之前必须先研究经验体系。何谓经验体系？按照苏联著名学者科昔宁的说法，经验体系是将生活过程外部表现出的东西，按照其表现方式加以描述、分类，并归入简单概括的规定中。经验体系是实践的直接、直观反映，与人们的经验水平密切相关。经验体系具有以下特征。

（1）经验体系直接展现事物的外在联系。经验体系只是按照事物本来的样子去认识并加以分类和描述，没有从事物的本质和深层规律上进行提炼，仅是基于事物本身建立起来的归纳和描述体系。

（2）经验体系作为知识的逻辑形式，是对个别事物和现象的记叙性判断体系，因而往往缺乏严密的逻辑，无法揭示事物或现象之间的内在联系，更无法揭示概念之间的本质联系。

（3）经验体系在实践中的适用范围有限，不能超过现有经验本身。一旦环境或条件发生变化，出现新问题，就需要人们重新摸索与认识。

理论体系是在经验体系基础上，经过理性思维加工而得，是从客体的内在联系和运动规律方面反映客体内在逻辑关系的概念体系。相对于经验体系，它有以下三个特征。

第一，理论体系不是对客体的简单分类与描述，而是注重揭示其内在联系和深层运动规律。

第二，理论体系是一种用于说明事物本质特征的抽象体系，不是现象的简单描述，也不是概念的简单堆积，而是基于概念揭示概念与概念的内在联系，或客体运动变化及客观规律的体系。

第三，理论体系具有广泛的实际应用范围。它从内在联系与规律性方面深刻揭示了客体运动变化的客观机理，可以用来解释事物变化，预见客体未来变动，以指导实际工作。

本质上，经验体系和理论体系分别与人们的经验水平和理论水平相联系。理论水平代表人们对客体认识的更深刻水平，是指导人们从必然中获得自由的重要工具。因此，在高等教育管理研究取得成果的基础上进一步概括理论，使研究进入新的、更深入的层次，对当前高等教育实践与管理改革具有重大意义。

需要强调的是，理论水平是一种更高的认识水平，但这种认识不是凭空而来。理论来自实践，以经验认识为基础，一个学科的理论体系往往在经验体系基础上形成。经验认识与理论认识之间是基础与发展的关系，完全否认经验体系的价值是不正确的，但停留在经验水平上、故步自封搞经验主义则危害更大。

四、科学研究方法

科学研究方法主要探索研究方法的一般思想和技术问题，阐述它们的发展趋势和方向，以及科学研究中各种方法之间的关系问题。这些方法分为广义和狭义两类。狭义的研究方法仅指自然科学方法论，如观察法、实验法、数学方法等。广义的研究方法指哲学方法论，即研究一切科学的最普遍方法。20世纪随着自然科学的发展，出现了许多新方法，如控制论、信息论、系统论等，它们属于技术层面的方法，推动了方法论研究的发展，并与哲学方法论有所区别。科学方法论在科学认识中愈发显示出其重要作用，包括确立新的研究方向、探索学科生长点、揭示科学思维基本原理与形式。哲学方法论主要是思想方法的认识论，包括世界观、价值观及对事物认识的辩证法。根据唯物主义观点，科学理论思维的正确途径是什么？马克思在谈及政治经济学理论形成过程时指出了两条道路：第一条是完整的表象蒸发为抽象的规定；第二条是抽象规定在思维过程中导致具体的再现。这为理论思维提供了正确的方法，因为表象的东西容易导致经验主义，而经验主义又容易导致思维定式，以偏概全。我们应对表象进行抽象处理，透过现象看本质。

高等教育管理学的科学理论体系的研究和建立，应该植根于对事物本质的认识和研究方法。完整的表象转化为抽象的规定，在思维中形成理论认识方法的先决条件并获得完整的表象。辩证唯物主义认为，认识论的第一个前提是实际感觉是研究和认识事物的唯一源泉，人的认识只能来源于感觉经验，由感性认识上升到理性认识。表象由一系列感性材料组成，感性认识的最高阶段变成理性认识。获得大量感性材料后，我们进入抽象过程，即在思维中抽取对客体本质的认识，理论思维概念就是这一阶段认识的产物。从完整的表象中获得抽象的规定，并不意味着思维发展的结束。为了在思维中再现客体发展变化的过程，我们必须进入第二条道路——"抽象的规定在思维过程中导致具体的再现"。这就是说，我们需要根据辩证逻辑的要求，运用从抽象上升到具体的方法，揭示客观事物从简单到复杂，人类思维从低级到高级的发展过程。从抽象上升到具体的方法是形成科学理论的基本方法。需要指出的是，这里所说的"抽象"和"具体"与平时所用的这两个概念有根本区别。平时所说的"具体"指的是可以触摸或感觉到的感性存在，"抽象"指的是与此相对的非感性存在。在这个意义上，客观事物是具体的，而概念是最抽象、最不具体的。然而，在辩证逻辑中，具体与抽象是按一个概念规定的多样性程度来区分的，指的是思维的具体和思维的抽象的多样性统一，即抽象的概念内涵较少，概念属性显得不具体；具体的概念内涵丰富，概念属性呈多样性。

高等教育管理学研究的对象具有自身的属性，这些属性并非彼此孤立，而是相互联系、相互制约，作为多种属性的统一体而存在。思维中的具体概念综合了对象的各种属性，形成一个统一体。它有两个特性：第一，多样性，它全面把握了对象的各种属性；第二，统一性，不仅全面把握了对象的各种属性，还根据它们的内在联系将其综合成整体。

为何在逻辑行程中从抽象的概念开始，而非从具体的概念？从辩证逻辑的观点来看，从较抽象、较贫乏的概念向较具体的概念发展，能不断丰富人们的思维。因此，为了丰富知识，逻辑行程中必须从抽象的概念开始。作为多样性统一的具体概念，它所包含的各种规定需要加以证明和阐述。因此，逻辑的行程不能从它自身开始，否则为了证明它的属性又必须回到抽象的概念，这将导致思维和逻辑混乱。

对认识和思维发展而言，从抽象上升到具体的逻辑方法的重要意义在于它为知识系统化提供了正确途径，为揭示事物间的联系提供了方向。根据高等教育管理学的研究，对高等教育管理活动的研究最原始的起点是教育活动。高等教育活动是教育活动的一个层面，抽象是教育现象，具体是高等教育管理活动。一般的管理原理是抽象的，高等教育管理活动是具体的。因此，我们强调学习研究高等教育管理要进得去、出得来，实际上是抽象—具体—再抽象的过程。

对于高等教育管理的研究而言，单方面的研究需要深入，但目前主要的问题是如何将高等教育管理知识系统化，从高等教育管理的目的内容（宏观高等教育管理和微观高等教育管理）及其关系中，通过对高等教育管理的表象到抽象认识，进入更深层次领域，从而把握高等教育管理学的整体知识。因此，认真研究从抽象上升到具体的方法具有重要的现实意义。

高等教育管理学作为一门应用科学，其体系的逻辑终点必然落脚在实践应用上，即高等教育管理的活动和方法上，包括通过计划、组织、领导和控制所达到的目的，具体思想和方法用以解决高等教育管理本质揭示的矛盾，并在管理过程的各种活动中体现。这便是研究的落脚点。这样一来，我们似乎绕了一大圈来研究其逻辑问题，这并不是复杂化简单事物，而是想通过这种逻辑思维方法，来引导我们思考和研究高等教育管理的理论与实践问题，这实际上也体现了毛泽东的"实践—理论—再实践"的认识论和方法论。

高等教育管理学的理论体系和研究框架已经有不少阐述，但目前的理论研究仍存在全面性的问题，因为它是一门发展中的学科。然而，这并不直接影响高等教育管理的研究，因为目前研究还是抓住了高等教育管理活动的主题。高等教育管理学之所以能够，而且必须从高等教育学中独立出来，成为一门新兴学科，是因为它以高等教育领域中的特殊矛盾为研究对象。

在已出版的各种专著中，多数以全日制普通高校管理为研究对象，也有一部分以高等教育行政管理、宏观管理或微观管理为对象。现在更多人认为，高等教育管理学的研究对象既包括国家通过中央和地方教育行政机关对高等教育事业的管理，也包括全日制普通高校和多种形式的高校管理。只有准确规定研究对象，使其覆盖全部内容，才能揭示其本质属性，为高等教育管理学的基本概念提供前提。

在研究高等教育管理学问题时，只将高等院校作为研究对象是片面的。高等教育管理的概念、层次、类别既包括微观高等教育管理，也包括宏观高等教育管理。而高等院校的管理只是高等教育组织管理的一个方面。高等教育组织还包括科研组织、咨询服务等组织。因此，宏观高等教育管理的研究涉及国家层面、各级政府层面的规划与战略管理、高等教育的宏观调控、高等教育系统与其他系统的关联等。

宏观与微观高等教育管理的主要研究对象是高等学校管理，因为它是落实高等教育目标的实施者。但目前的一些高等教育管理著作没有很好地解释这一整体，使学习者容易忽略整体方面。因此，高等教育管理学的系统性显得不足。

为了研究高等教育管理学整体，学习者需要形成理论体系的整体框架，而不是零散的、支离破碎的体系。任何学科都是概念的逻辑推理体系，但这些概念绝非凭空产生。高等教育管理学的逻辑起点只能在现实管理活动中寻找，通过大量管理活动抽象、概括。管理是现实社会生活中每时每刻都在进行的工作：在管理过程中，我们看到的现实是什么？通过对实际管理活动的观察，不难发现，对于管理者而言，现实存在的是有限的资源、需要协调的人员和各种信息。正是这些资源、人员和信息构成了管理活动的基础。根据现代科学观点，有限的资源、各类人员、各种信息及其有目的、有机的组合构成了一个全面的体系。

总之，高等教育管理学作为一门应用科学，当然要研究其本质及其与管理过程有关的全部规律。然而，这些研究的最终目的在于用对客观规律的认识驾驭规律，使这些规律共同作用的结果符合我们的目标。高等教育管理活动与方法并非主观想象的产物，它们只能产生于对高等教育管理本质及其规律的认识，并由其本质和规律决定。

可能有人会问，高等教育管理活动与方法能否根据高等教育及高校的工作部门分门别类地阐述？我们认为，高等教育系统的整体性体现在各部门工作规律的一致性，以及高等教育目标的同一性。因此，有可能在更普遍的水平上阐述高等教育的管理活动与方法，并在更高水平上概括，这对研究高等教育的本质和促进高等教育管理学的发展具有重要意义。高等教育管理活动包含在高等教育系统的矛盾之中。例如，管理的计划职能产生于系统与环境的矛盾，为与环境取得动态平衡，需要在预测环境变化的基础上规定自身未来变动，这一规定就是计划。高等教育计划本质上是高等教育系统与社会环境的矛盾平衡。计划活动包括从这种平衡的规律中获得平衡的方法，如预测、方案评价与决策。只要系统运行就可能与环境产生矛盾，因此计划是管理活动不可缺少的重要方面，也是高等教育管理不可缺少的重要方面。组织与领导产生于人类合作中，个人目标与组织目标、个体需要与系统准则之间的绝对一致是不可能的，为保持管理活动的相对稳定，需要协调，高等教育的组织与领导管理活动围绕着这个问题展开。因此，高等教育管理活动在组织活动中展开，人与组织相互联系不可分割。管理学上，专家对人与组织的矛盾研究有很多成果。西方管理学史上，早期的古典组织理论基于"经济人"假设，片面强调组织准则；之后，人际关系学派强调个人的需要，忽视组织纪律，两者都被实践证明为片面的。辩证唯物主义能科学处理"人"与"组织"的关系。

西方总结的领导模式在于把重点放在"人"（个人）还是"事"（组织任务）上。人们的预想不可能百分百符合客观规律，因此活动的实际结果偏离预定结果是常见的。为更接近实际，我们需修改目标、计划，校正对目标的偏离。在我国高等教育发展历史上，也曾有偏离预定目标和发展目标的教训，这需要调整，这类管理活动就是控制，控制是管理活动的重要方面。在高等教育的各种管理工作中，要重视控制这一类管理活动。

根据以上讨论，我们将高等教育管理学理论体系的核心部分归纳为五个方面：高等教育管理系统论、高等教育管理目的论、高等教育管理本质论、高等教育管理原则论、高等教育管理方法论。高等教育管理系统论从整体出发，提出高等教育管理活动中的矛盾，并阐述系统与环境之间、系统内部子系统之间、系统与个人及个人与个人之间的联系。高等教育管理目的论能明确做事的前提，从理论上认识清楚为什么做，揭示高等教育管理的方向及因果关系，注重管理最终结果与目的的一致性。

高等教育管理本质论是最核心部分，揭示高等教育管理的概念、本质与规律，为高等教育管理原则提供理论依据。在未弄清楚高等教育管理的本质及内涵前，谈高等教育管理问题是不可能深刻的，有时是片面的。高等教育管理原则论是本质论的深化，为高等教育管理者开展管理活动提出应遵循的基本要求，体现对高等教育管理活动全方位、全过程、全部人员的有效指导，避免在高等教育管理活动中出现偏差。高等教育管理方法论是解决高等教育管理活动中的矛盾问题的工具与手段。为解决不同矛盾，在研究管理活动与方法时，将其分解为高等教育的计划活动、组织活动、领导活动、控制活动等几个主要方面。这些认识是研究高等教育管理学最基本的理论问题。这些理论问题的模糊将导致观念的模糊，不利于指导高等教育管理活动。

第二章 教育管理的本质研究

第一节 教育管理的概念和属性

一、管理的一般概念

管理通常指在特定环境下，对组织所拥有的资源进行有效的计划、组织、领导和控制，以完成既定目标的过程。之前我们在学科体系的理论研究中也提到过，管理是人们根据社会发展的客观规律，在特定历史条件下，有意识地调节社会系统内外的各种关系与资源，以达到系统目标的过程。显然，这两个表述并不矛盾，只是表述方式略有不同。前者更直接、简练、直观，后者则更宏观，从社会系统的角度和方法进行阐述。这种表述的含义包括以下三方面。

管理是一种有意识、有目的的活动，旨在实现组织的目标。管理与组织密不可分，不会独立存在，只要有组织，就会有管理的需求。管理的目标与组织活动目标相一致，并通过计划、组织和控制等方式来实现。管理活动是由多种相互关联的资源要素组成。管理的职能在于综合运用组织内的各类资源，以实现组织目标并达到活动的预期效果。

虽然管理活动本应按自身规律进行，但实际中的资源往往并不孤立存在。管理是在特定环境中开展的社会活动，因此需要充分考虑组织所处环境。"一般管理理论"最早诞生于法国。在泰勒及其追随者研究生产作业现场的科学管理方法时，法国出现了组织管理的理论，被称为"一般管理理论"或"组织管理理论"。与泰勒的基层作业管理不同，该理论从高层管理者的视角研究组织管理。在其基础上，现代管理理论快速发展，形成了许多经典理论体系。根据管理对象的不同，管理可分为广义和狭义。广义的管理涵盖对大自然万物的管理；狭义的管理指具体活动中的资源计划、组织、领导和控制，一般来说我们研究的是狭义的管理，包括组织、行为和活动管理。活动结果源自人的能动性，管理的实质在于人之间的矛盾解决，即管理者、被管理者和事项的互动。现代管理还可从多方面进行划分：从规模上可分为宏观管理和微观管理；从活动内容上可分为综合管理和专项管理；从形式上可分为紧密管理和松散管理。当然，这些分类是相对而言。

二、管理的基本理论

随着现代社会的发展和人们认识水平的不断提高，管理理论不断创新并发展。系统管理理论、人本管理理论、目标管理理论、标准化管理理论、组织管理理论、模糊管理理论、混合管理理论等都是管理理论的重要组成部分。

（1）系统管理理论：系统管理理论强调管理的任务在于协调系统中的各个子系统和要素，保持系统的动态平衡，确保最佳运行效果。[1] 这种理论将管理视作一个整体系统，包含人、物、活动及其项目的要素。这种理论及其方法常用于大型军事战略、工程建设和大型活动（内容复杂、组织规模大、投入量大且周期长）中。当然，这些应用也是相对而言。

（2）人本管理理论：人本管理理论将管理视为以人为中心，强调权力的利用和利益分配。它要求在尊重人的基础上，充分发挥人的潜能。[2] 管理者的潜能体现在工作的积极性和效益上，被管理者的潜能则是管理者思想和艺术施加结果的体现，二者的结合才能取得最大管理效果。尽管人本管理理论相对较早，但其在实践中并未得到广泛成熟的应用，原因在于它对人的素质要求较高。低素质的人无法有效应用人本管理理论，而一个管不好自己的人也很难管理好别人。现代人本管理理论通过加入制度管理元素，与之结合，形成了一种新的管理方式，有助于现代管理的发展。

（3）目标管理理论。目标管理理论与利益关联密切，是一种刚性管理模式。该理论以价值理论为基础，强调价值目标的预先设定，并将其作为管理活动的核心。组织目标的认同是目标管理的前提，需得到全体成员的认可，否则难以实现。目标管理不仅注重结果，还关注过程中的监督，使活动按照既定方向推进，避免出现问题并最终

---

[1] 肖国刚. 系统管理理论在高校思想政治工作中的应用 [J]. 青海民族大学学报：教育科学版，2010，30（4）：5.
[2] 宋强. 人本管理理论在学校管理中的应用 [J]. 2022.

导致失败。目标管理活动以价值目标为中心，执行刚性严格，同时强调公平原则。

（4）标准化管理理论。标准化管理理论建立在专业化管理基础上，由管理者组织专家制定标准，并通过法律程序予以确定。[①] 该理论强调"没有规矩不成方圆"。制定标准需具有权威性和社会基础，且通过科学程序。标准的执行是关键环节，若执行不力，将导致全面失败，这并非标准化本身的问题，而是实践中的管理问题。

（5）组织管理理论。[②] 模糊管理理论的核心是最高决策层通过设立各级组织，明确其职能，并通过领导核心、授权、实施等手段进行管理。其重点在于设计组织结构，关键在于组织职能的授权。一些观点将其归结为组织层级管理、能级管理、行为管理理论。有效的组织管理需要严密的组织结构、明确的目标和功能，以及一套有效的运作机制，否则无法有效开展管理活动。

（6）模糊管理理论。模糊管理理论是一种现代管理思想和方法，特别在软管理方面，运用模糊数学的思想和技术进行管理。它主要应用于高层次的人群中，是一种软性管理，一般在复杂、庞大、中长周期、高智商的管理活动中实施。

实际上，在大型组织中常用的模式是混合管理。混合管理将多种管理思想和方法相结合，应对大型组织中的复杂性、多样性和项目性质的差异。单一管理方式难以统领全盘，因此需要混合管理理论和方法。

三、高等教育管理概念

高等教育管理是根据高等教育的目的和发展规律，调配资源，协调系统内外关系，并进行有效的计划、组织、领导和控制，以实现高等教育系统的目标。这一过程强调了高等教育管理的重要性。从教育管理的角度来看，高等教育建立在中等教育的基础之上，是一种特殊的专业层面的管理。从管理分类来看，可以分为宏观和微观高等教育管理；宏观高等教育管理涉及战略规划和宏观调控；微观高等教育管理涵盖教育组织内部的具体教育活动。高等教育管理的定义也包含以下三层含义。

（1）高等教育管理的依据：高等教育管理的基础是高等教育的目的和发展规律。高等教育旨在为社会提供各类高级人才，包括普通高等教育、成人高等教育、公办高

---

① 马建国. 强化标准化管理 树立创新理念 [C] //中国当代教育理论文献——第四届中国教育家大会成果汇编（上）. 2007.

② 李靖. 基于人性假设视角的组织管理理论梳理研究 [J]. 华东经济管理, 2009, 23 (12): 6.

等教育、民办高等教育等。在层次上涵盖专科、本科和研究生教育，这些教育的目的和目标构成管理的根本依据。高等教育受到学生身心发展的影响，通过德、智、体、美各方面培养全面发展的人。只有将人视作社会关系的总和，才能全面理解其发展。因此，各级教育过程都有其客观规律，只有认识并遵循这些规律，才能科学管理高等教育。高等教育受制于社会的经济、政治、文化，并为其服务。生产力和科学技术的发展水平、社会制度、文化传统等都对高等教育产生影响。因此，国家制定宏观高等教育政策，以及高校培养人才，都必须遵循高等教育的目的和客观规律，这也是高等教育管理的起点。

（2）高等教育管理的任务：高等教育管理旨在调节系统内外的各种关系和资源，以适应其发展的客观规律。从国家或地区角度来看，高等教育系统是社会系统的子系统；从组织角度来看，高等学校也是社会子系统。由于系统中存在多种矛盾，高等教育管理的任务是协调并解决这些矛盾。管理者需要用系统论的眼光来设计高等教育整体与部分、要素之间、学校与外部环境、学校内部子系统之间的关系，以实现系统要素的整体优化。

（3）高等教育管理的目的：高等教育管理的最终目的是促进高等教育系统目标的实现。其根本目的是培养人才，管理工作围绕这一目标展开。通过协调关系和资源，高等教育管理确保实质性目标的实现。管理本身也有其目的，例如提高效率，但这些目的仅仅是手段，用于确保高等教育目标的实现。

高等教育管理，无论是宏观还是微观，都基于国家教育方针、组织发展目标、活动规则、基本规律以及社会政治、经济、文化发展背景与环境，通过立法、行政、经济、市场等手段进行协调和控制，确保高等教育的可持续发展。

理解了高等教育管理的特点，我们就能遵循其本质规律，协调管理活动中的矛盾，并有效驾驭管理活动。

四、高等教育管理的行为

（一）管理行为

管理活动中的行为具有独特的表现形式，它具体体现了管理过程和效果，并反映了管理活动的基本特征。要了解管理的过程和效果，我们必须首先分析管理行为，以及这些行为与效果之间的关系。管理方格理论由罗伯特和穆登提出,[①]旨在强调主管人员既要关心生产,又要关心人。理论通过方格图来表现这种"关心"的两种维度:横向维度表示"对生产的关心",纵向维度表示"对人的关心"。"对生产的关心"包括政策质量、流程与程序、研究的创造性、职能人员的服务质量、工作效率和产品质量等因素;而"对人的关心"涵盖实现目标的责任、下属的自尊、基于信任的职责、良好的工作环境和满意的人际关系等。

领导方式的类型主要有以下几种。

(1) 贫乏的管理:最低限度地完成工作,并保持组织士气。此类主管对生产和职工关心不足,仅用最少的努力去完成工作。

(2) 权威与服从管理:通过忽视人的因素而强调工作效率。领导者仅关注生产,将人的因素降至最低,以达成生产任务并提高效率。

(3) 乡村俱乐部管理:通过关注职工需求,形成友善的组织氛围,并推动工作进度。领导者相信,只要职工愉快,生产效率就会提升。

(4) 协作管理:一种松散的管理模式,基于共同的利害关系展开协作。委任人员相互依赖、信任、尊重,并协作完成工作。

管理方格理论提供了领导者自我评价的工具,但并未解释主管人员为何处于方格图中的某个位置。最好的管理方式因环境和因素而异,每位领导者应根据实际情况选择适合的管理方式和行为。

(二) 行为类型

在教育行政管理中,哈尔平等人总结出管理内容的两种主要行为:创建组织机构的行为和体贴关心下属的行为。哈尔平的分类体系在西方教育行政管理中十分著名。

(1) 创建组织机构的行为:这种行为涉及领导者与集体成员之间的关系。其目标是建立明确的组织类型、信息交流渠道,并在实施过程中执行相关行为。这包括:与下属互动以实现组织目标,让下属了解自己的意图与态度;与下属合作实验或实施新的想法和计划;指定特定任务;检查和评估工作;制定标准、制度和规范;以及促进下属之间的合作等。

[①] 刘晓玉. 管理方格理论对地方院校实验队伍管理的启示 [J]. 绵阳师范学院学报,2008,27 (4):4.

（2）体贴关心下属的行为：这种行为体现了领导者与下属之间的相互关系，包括表现出友谊、信任、尊重、温暖、支持、帮助以及合作。领导者需理解与支持下属；倾听他们的意见；关心他们的利益；与他们讨论问题并让他们参与组织计划；平等公正地对待下属；愿意进行改革，并及时落实他们的建议。

（三）高等教育管理中的领导行为

在高等教育管理中，领导行为是一种主要的管理行为。它同样可以分为两类：创建组织机构的行为和体贴关心下属的行为。高等教育的组织系统、目标、成员、人际关系等都有其特殊性，与其他社会系统有所不同。例如，高校管理中，领导者需要同时完成教学与科研任务，两者以培养人才为核心。此外，领导者还需确保后勤配套工作，为一线的教学和科研人员提供支持。

从理论上讲，领导者应调整自己的行为以适应特定环境和任务。在实践中，领导者不应只关注某一类行为，而应根据情况选择合适的领导行为，并运用领导艺术来取得成功。在宏观高等教育管理中，国家和地方政府对高等教育组织的管理旨在规范领导的办学行为，既要按照国家政策，又要办出各自学校的特色。最终目标是统一的：实现高等教育目标。

（1）行政领导者的行为：涉及各级领导者履行领导职责时的行为。其职责是对实现或调整目标的集体活动进行激励、协调与指导。高等教育系统的目标明确，教育部对国务院负责，省市教育主管部门对省市党委和领导负责。高等教育组织的领导者围绕系统目标展开活动，其形式和内容各有特色，即使同一专业和课程在不同高校之间也不尽相同。此外，由于教师、学生在知识、能力、兴趣、心理、性格和校园文化等方面存在差异，高校领导者履行领导职责时所面临的环境条件不同，因此采取的领导行为也各异。

（2）组织集体中的领导行为：在高等教育系统中，各级领导者需为组织目标的顺利实现创造条件，其行为对目标的实现有直接和间接两种作用。直接作用包括创建专门的组织机构和程序，指派人员负责特定工作，对下属进行检查和督促，以及聘请专家等。间接作用虽然不直接参与具体计划，但对计划制定和实施施加影响，例如提倡某种领导风格、实施奖惩措施、颁布晋升标准等，这些都对工作的开展产生影响。举例来说，各级政府的教育行政领导也许不会直接过问高校的教学和科研工作，但会指导高校培养人才的方向、规格、基本途径和办学思想。大学校长也许不会直接过问某一课程的具体教学，但能影响院系和教务部门的指导思想，从而对课程计划和课程体系的目标产生影响。有时领导行为是无形的，有时是直接影响或干扰性的，因为其权威性。因此，领导行为应是分层的、积极的、适度的和有效的。各级领导行为各有分工，上一级不能做下一级的工作，否则为越级行为。积极性领导行为应对组织产生正面影响，避免负面影响，否则就是错误行为。所有级别的领导行为都应有度，超出这个度可能适得其反。有效的领导行为能对管理活动产生积极影响，有效与否由结果检验。

五、高等教育管理的本质

高等教育系统相较于其他社会系统有其独特的活动主体和目标，使其管理活动表现出不同的特性。高等教育的总体目标是培养高级专门人才，发展科学技术与文化，并与社会经济发展相适应。在这一目标指导下，高等教育管理的任务是通过制度和机制协调高等教育系统的战略规划和资源分配。

（一）高等教育管理即协调

高等教育管理的本质在于协调有限资源与实现高等教育总体目标的高效益之间的矛盾。无论高等教育系统多么复杂或分解为多少子系统，每个子系统的目标都需与整体目标及自身成员的个体目标协调一致。此外，系统的目标与实现目标的条件之间也需相互协调，这形成了管理活动的整体性和普遍性。

高等教育系统的层次性使其管理活动也具层次性，形成多层、多级、专门化的分系统，从而组成高等教育的管理系统。管理系统通过协调各子系统的目标设计、资源筹集与分配，以及政策、制度和技术手段，分析并指导系统成员的活动，以实现设计的目标。

马克思曾精辟论述"管理"的必要性。他指出：

（1）规模较大的集体协作劳动需要指挥，以协调个体活动，并执行总体生产运动的职能。

（2）管理必然有管理者，管理的对象是组织及其成员。

（3）管理包括执行生产总体运行所产生的职能。

（4）管理职能包括指挥与协调他人的活动，并将自己也纳入管理活动，以取得成效。

（5）管理的目标是获得比"各个独立的运动"之和更大的效益。

管理活动作为人类活动的重要组成部分，普遍存在于各种组织机构中。专门管理者的出现反映了社会系统在结构层次上的特点，显示出个人在社会系统中的不同位置、作用和性质。管理活动中，人是管理的主体，而权力则是管理系统赖以存在的基础。权力对人的活动具有约束性，将人们组织起来，以实现系统的整体目标，同时体现了权力在协调中的作用。

协调（或称调节）指调整或改善高等学校与外部及校内各部门或成员之间、上下左右各方面的关系。从国家和地区的角度看，将高等教育置于社会背景中，政府对高等教育的协调可以确保高等教育的层次、规模、结构、水平、质量和效益与社会的政治、经济、文化发展相适应。如果不相适应，就需要进行协调。

从高等教育组织—学校的角度看，它作为高等教育系统的子系统，由于区域差异、体制差别、机制差异和管理者不同等原因，学校组织的类型会有所不同。各种矛盾也可能随之而生，包括整体目标与部分目标、长期规划与近期打算、整体利益与部门利益、组织利益与个人利益之间的矛盾。如果不加以协调和解决，这些矛盾将影响高等教育系统的运行和发展，也会妨碍高等教育效益的最优化。

高等教育的协调任务与管理的本质要求相一致，体现了高等教育管理的基本矛盾和本质特征。1999年1月1日生效的《中华人民共和国高等教育法》（以下简称《高等教育法》），第四章、第五章、第六章明确规定了高等学校组织和活动的范畴，为高等学校的运作提供了法律依据。作为高等学校的管理者，应通过权威性和艺术性来协调组织内部的各种资源，以实施有效的管理。

（一）冲突的类型

为了更好地协调管理活动中的冲突，我们首先要了解冲突的本质。冲突是指由于某个工作群体或个人试图满足自身需求，导致另一方受挫时所产生的社会心理现象。其表现为双方观点、需求、欲望、利益或要求的不一致，进而引发激烈的斗争。冲突是人类社会中普遍存在的现象，它既有利也有害。有利的一面在于冲突的解决可以促进组织的发展、增强干劲、激励力量，并促进交流与创新。而有害的一面则在于它可能导致情绪压力、身心健康受损，甚至带来破坏，浪费资源。若不及时解决，还会影响组织的运作，破坏目标的实现。因此，我们需要探讨冲突产生的原因，并找到解决途径与方法，以便更好地协调。

集体组织中存在着许多不一致，某些不一致可能升级为矛盾，其中较激烈的矛盾会转化为冲突。冲突一般分为三种类型。

（1）认知性冲突：由信息、知识或价值观等因素引起。随着认识趋于一致，这种冲突能得到缓和与克服。

（2）感情性冲突：由非理性因素引起，并受其控制，也可能由认知性因素诱发。个性抵触是这种冲突常见的诱因，持续时间长且破坏性大。

（3）利益性冲突：由目标冲突引起。个体或群体在处理问题时的利益诉求不同，伴随着利益的再分配，这种冲突可以得到克服。

在日常社会活动中，这三类冲突的根源无处不在，一旦有了诱因，就可能爆发为现实冲突。

冲突产生的原因包括以下方面。

（1）个性差异：人本能地需要释放情绪，不满情绪的积累会导致冲突。

（2）资源争夺：资源有限而需求无限，为有限资源的竞争会引发冲突。

（3）价值观与利益冲突：不同经历的人有不同价值观，不同部门和个人因利益问题而产生冲突。

（4）角色冲突：由于个人或群体承担不同角色，有特定任务和职责，产生不同需求与利益，进而引发冲突。

（5）权力争夺：对权力的追逐和欲望会引发冲突。

（6）职责不清：任务要求模糊，可能导致冲突。

（7）组织变动：组织变化会引发利益重新组合，导致冲突。

（8）组织风气不佳：领导矛盾或派系斗争导致冲突蔓延至整个组织。

冲突的结果无非三种：一方胜、一方败；两败俱伤；双方均胜。前两种结果潜藏着更大的冲突可能，应尽量避免。第三种结果是理想的，使双方满意的解决方案的实现，需要有效的协调。

（二）冲突的协调

第一，认知型冲突的协调。在高等教育系统中，认知型冲突既存在于宏观层面，也存在于微观层面。在宏观层面，不同决策者和管理者可能在高等教育如何适应国家发展、发展速度、科类层次结构等方面产生分歧，甚至矛盾。在微观层面，学校教育涉及具体的管理活动，例如学校定位、发展、资源运用、课程设置、培养计划、教学与科研等环节，都可能导致不一致，甚至冲突。

解决这类冲突的方法包括以下几种。

（1）交流协商：增加看法交换和协商的机会，消除因误会或信息不全导致的认知不一致。

（2）和平谈判：将冲突原因与结果摆在桌面上讨论，需要领导者的权威与协调能力。

（3）提供学习机会：提升组织内成员的认知能力与观念水平，不仅针对冲突双方，还包括其他相关方。

（4）调整组织结构：优化组织结构和人员组合，将冲突最大限度地稀释与化解。

（5）超越冲突：承认并超越某种冲突，这种方法有助于解决矛盾。

认知型冲突的解决，还需要通过学习与研究，开展教育思想与观念的大讨论，提供公开交流的平台，让成员达成认知统一，提高认识水平。

第二，感情型冲突的解决。感情型冲突主要存在于微观高等教育管理活动中，通常涉及具体事项，并带有个人情感色彩。其原因可能是一些小事，也可能是不同性格、爱好，甚至没有明确原因。

解决这类冲突的方法包括以下方面。

（1）提高心理素质：使成员能够承受情感冲突。

（2）提升认识水平：认识到冲突原因的微不足道，以及冲突结果的严重性。

（3）合理奖惩：坚持规章制度，对因感情办事导致的不良后果进行处理。

（4）情感引导：引导感情向有益方向发展，如完善目标管理，将注意力集中到实现高等教育目标上。

对于历史性的感情冲突，时间可能是最好的调和者，它能抚平情感创伤，并教会人们许多书本上学不到的道理。

第三，利益型冲突的协调。利益型冲突具有独有的特征：当利益的增减幅度不超过某个特定程度时，这种冲突并不可怕，对集体凝聚力和组织目标的影响不大，但如果超过这个限度，则可能导致整个组织或系统的瓦解。因此，我们需要解决处于这两者之间的利益冲突。

利益型冲突本质上是冲突各方在追求各自利益最大化时所产生的。这种冲突围绕着利益展开，而利益在不同人的眼中是不一致的。组织中可能存在多个利益主体，包括个人利益与集体利益，但最大的共同利益只有一个。解决利益冲突的关键在于利益的重新分配。

找到利益冲突的解决方法有几个关键步骤。

（1）分析利益关系：通过分析个人与集体利益的关系，找到共利最优解与自利最优解，并尝试将二者结合。这不仅是一个分析过程，也是一个策略实施过程。

（2）动态调整：利益关系会随着环境变量变化而变化，因此利益冲突的解决需要因地制宜。

在高等教育系统中，各子系统、群体和个人都在追求自己的利益。例如，高校教师在进行教学与科研工作时，一方面在完成高等教育的任务，另一方面也在追求个人利益，如职务晋升和自我价值实现等。特别是在候选人数远多于晋升名额时，冲突会异常激烈。此时，如何制定公平合理的晋升方案至关重要。

此外，在人员任免、经费分配、改革方案实施等方面，也存在利益冲突。忽视这些冲突，尤其是利益上的冲突，可能会影响教职工的积极性和创造精神。

解决利益冲突有两种主要方法。

（1）政策法规约束：明确整体利益与局部利益、个人利益与组织利益、组织与组织利益之间的关系，公平公正地解决利益冲突。

（2）思想政治工作：加强思想政治工作，将物质奖励与精神鼓励相结合，处理好国家、集体、个人三者之间的关系。

高等教育领导者必须研究和解决这些问题，以充分调动教职工的积极性。

（三）矛盾解决的系统性方法

高等教育系统中存在多种矛盾，尤其是在微观管理层面。要解决这些矛盾，应遵循矛盾运动的规律，并从整体上处理它们。以下是几种常见矛盾及其解决方法。

(1) 个人与个人之间的矛盾：这些矛盾主要表现为工资福利、提级晋升、表彰奖励、教育经费分配，以及学术观点等方面的不一致。解决这些矛盾需要遵循公正、平等的原则。

(2) 个人与整体的矛盾：确保系统整体目标与个人目标的一致性，使个人目标的实现通过整体目标的实现来达成。整体目标的实现是个人目标实现的前提。

(3) 系统与环境之间的矛盾：这种矛盾表现为对高等教育投资不足以实现高等教育目标、政府干预过多与高校缺乏自主权等方面。解决这些矛盾需要通过政策和体制上的调整。

高等教育系统的三类矛盾是有机联系在一起的，解决一个矛盾系列也会影响到其他系列。因此，解决矛盾时必须从整体出发，对系统进行科学管理。忽视系统内部矛盾与系统与环境的关系，可能会加剧矛盾，破坏高等教育系统的稳定性。例如个人的合理需求得不到满足会抑制其积极性和创造性，使其在工作中表现动力不足，影响人才培养质量。如果系统整体目标与现实条件差距过大，目标难以实现，这反过来会挫伤人的积极性，进而影响系统的运行与发展。

矛盾是不可避免的，但它们也有共性，因为矛盾产生的规律是一样的。认识并解决这些矛盾是高等教育管理的核心。不同人的价值观、认知方法和水平各异，矛盾的存在是正常的。通过制造合理的矛盾并引发思想上的冲突，可以在冲突中谋求一致，达到矛盾的解决与平衡。矛盾的出现不可怕，重要的是我们要善于解决它们。避免忽视矛盾或放任其发展，否则会导致矛盾激化。压制矛盾也不可取，因为这可能会导致小矛盾积累成大矛盾。高等教育管理需要正视矛盾、辩证处理，以实现系统与环境、系统内部矛盾关系的协调与解决，使系统目标得以实现。

在高等教育管理中，矛盾与冲突的预防和化解是关键。以下两方面的问题需要注意：第一，避免人为制造矛盾与冲突。这是从源头上预防矛盾与冲突的出现。在制定政策和制度时，要经过专家论证与民主决策，确保科学合理，避免出台不合时宜的政策。此外，管理活动中也要尽量避免矛盾与冲突。管理活动需透明、公开、公正。透明的前提是规则的认同，而在规则认同的基础上，才能有效防止矛盾与冲突。高等教育管理与企业和经济管理有很大不同。高等教育管理既具有行政性的一面，又是学术性的专业管理。在这种背景下，透明度、公平性尤为重要。第二，实事求是地化解矛盾与冲突：矛盾与冲突在管理活动中不可避免，关键在于如何有效化解。管理者需勇于承担因自身原因引起的矛盾与冲突的责任，并用真诚化解这些问题。矛盾与冲突出现后，不要大惊小怪或消极怠慢，而应以积极的心态和行动进行化解，将矛盾与冲突造成的影响降到最低。

总之，高等教育管理需要在政策制定时考虑全面，管理活动中保持透明、公平，以减少矛盾与冲突的出现。同时，在化解矛盾时要实事求是，积极应对，从而保障系统稳定运行。

六、高等教育管理的特征

（一）高等教育管理目标的特殊性

高等教育系统的目标决定了其管理目标的特殊性。系统的主要目标是根据高等教育的功能制定的，从而对管理功能和目标提出了特定要求。

（1）高等教育管理功能：通过计划、组织、协调和控制等活动，使高等教育更符合社会发展和生产力需求，包括在层次、结构、规模和质量方面的目标。

（2）微观方面的管理：高等教育管理需要引导组织中的每个成员遵循高等教育规律，完成既定目标。它应以更好地培养人才和提高人才质量为根本目标，而不是仅追求经济效益。

（3）社会效益与经济效益：高等教育在市场经济体制下，需要平衡社会效益和经济效益。虽然经济效益是必谈之事，但高等教育管理的目标是将两者有机结合，处理好它们之间的关系，这体现了管理目标的特殊性。

高等教育管理重点是将系统内的各种关系和资源凝聚起来，形成整体。围绕整体目标，充分发挥要素的主动性和积极性，实现系统整体目标。

高等教育系统由教育行政机关和各级高等学校组成，其结构与功能与其他社会系统不同。在与其他系统进行物质、能量和信息交换时，它不仅提供精神产品，也提供物质产品，包括劳动力、科技成果、文明与文化产品，甚至工业产品。

高等教育系统的创造力体现在其成员和要素的主观能动性发挥上，可以实现"系统功能大于部分功能之和"的效果。然而，如果教育资源中的人的主观能动性发挥不好，可能会限制生产力发展。

高等教育管理者需认识到其特殊性，将"维系"与"结合"功能有机结合起来，以凝聚力推动整体结合力，用系统发展加强整体凝聚力。

（二）高等教育管理资源的特殊性

高等教育系统由教师和学生组成，这种特殊性反映在管理主体和对象上。教师作为高等教育系统的主体要素之一，教师是掌握和创造知识的群体。管理他们时需要符合他们的心理活动和以脑力劳动为主的集体性活动特征。高等教育系统的另一主体性成员学生是18岁以上、受过中等教育的青年，管理他们时要符合其身心发展阶段的特点，强调自我管理、自我组织和自我发展的能力。自我管理在高等教育管理中尤为重要，以促进学生的全面发展。

教育投资与经费管理是一项复杂的工作，因其用途多样且难以用绝对量化来处理。同时，教育投入与产出往往不能在短期内见效，回报率可能较低。这些特点使高等教育的经费管理不同于企业、行政或经济管理。

教学与科研物资设备不完全是生产性资源，而是基于教学科研功能的资源，用于教学实验、科学研究开发等方面。这使得这些物资不仅仅是设备，更是教学实验和科研的基础。高等教育管理资源的特殊性不仅体现在管理对象上，还在教育投资与经费、教学与科研物资设备的管理上。充分认识并理解这些特点，有助于更有效地进行高等教育管理。高等教育资源的特殊性构成了高等教育管理的独特性。高等教育资源包括社会用于教育领域中的人力、物力、财力、知识产品、文化产品等的总和。高等教育资源主要来自社会对教育的投入，特别是在经费投资方面。这种资源来源受到社会区域发展和政府投资政策的影响。教育是一种事业投资，但高等教育并非纯粹的事业投资，因为其对象是特定人群，而非面向全体社会成员。高等教育的结果虽然回报社会，但受教育者仅占社会群体的一部分。高等教育资源有限，并受到社会政治经济发展的制约。因此，投入来源主要包括政府、学生家长、学校自身及社会融资，这种多样性体现了其特殊性。马克思曾指出："要改变一般的人的本性，使他获得一定劳动部门的技能和技巧，成为发达的和专门的劳动力，就要有一定的教育或训练，而这就得花费或多或少的商品等价物。"开展教育活动需要一部分劳动力脱离社会生产，包括教育工作者和受教育者。他们需要消耗学习、生活资源，并依赖一定的物质技术条件，如校舍、图书、仪器设备等。高等教育资源并非自然资源，也不能通过生产方式生产，而是通过长期打造和培育形成的。这种资源的有限性在满足社会再生产后，使得教育资源难以满足所有人的需求。高等教育管理中的一对特殊矛盾是资源的有限性与社会、个人对教育的需求。解决之道包括如何获取更多教育资源，以及如何有效使用有限资源。这是社会和教育领域共同关注的问题，也构成了高等教育管理资源的特殊性。

高等教育资源的来源、培育过程、有限性与矛盾特点共同构成了高等教育管理资源的特殊性。这种特殊性使得如何获取并有效利用教育资源成为亟须解决的问题。

（三）高等教育管理活动的特殊性

高等教育管理既具有战略性，又有其特殊的学术性特点。高等教育事业关乎国家战略，具有很强的前瞻性。其管理活动的整体规划直接影响社会民生，需要专家系统从多个领域进行评估。高等教育的管理内容涉及民族文化、区域经济、人口发展、科学技术水平和社会环境等方面。高等教育管理活动的特殊性在组织管理中尤为明显，尤其体现在协调学术目标与其他目标之间的矛盾。学术目标是一种高智力劳动的追求，涉及知识传授与创造，需要强调高智力劳动者之间的协作。高等教育的成果主要通过学术水平和应用价值来衡量，因此，学术目标的组织、协调与实现成为高等教育管理中的特殊矛盾。高等教育组织中的教学活动由教与学组成的双边关系决定，高校师生这一特殊群体在教学和管理目标中发挥关键作用。因此，实现教学民主十分重要。大学教职工是高等教育系统的能动力量，是实现高等教育管理目标的智慧源泉。为了充分发挥他们的智慧与力量，高等教育管理必须考虑学术自由。学术民主将激发师生员工的积极性，使他们在信任的平台上施展才华，成为学校管理中的中坚力量。高等教育管理的战略性与学术性要求其在宏观规划与微观组织中兼顾社会效益与学术目标，从而有效推动教育事业的发展，实现人才培养与学术成就的双重目标。

第二节　教育管理的矛盾分析

高等教育管理涉及复杂的矛盾与协调工作。主要矛盾之一是高等教育系统投入资源的有限性与实现其目标之间的矛盾。这个特殊矛盾引发了高等教育管理中的一系列对立统一关系，形成了各因素相互作用的交错点。这些矛盾反映出高等教育管理过程的本质，指引我们理解并协调各种关系。高等教育系统投入资源的有限性与实现既定目标之间的矛盾是管理活动中的主要矛盾。这一矛盾不仅影响整个管理过程，还引发新的矛盾，进一步凸显高等教育管理中的各种对立统一关系。高等教育管理中的矛盾有其特殊内容，但都反映了高等教育管理过程的本质。这些矛盾体现出高等教育管理规律的不同形式，是我们理解高等教育管理活动中各种复杂关系相互作用的钥匙。管理的主要工作之一就是协调。高等教育管理的本质在于协调高等教育管理活动中的各种关系，确保各方力量有效运作，共同实现教育系统的整体目标。

高等教育管理中的矛盾与协调是管理活动中的核心工作，贯穿整个过程，并指导着我们的实践，确保系统目标与资源之间的平衡，实现高等教育的长远发展。

一、集权与分权

高等教育管理中的一个关键矛盾是权力与利益之间的协调。这一矛盾主要体现在集权与分权的问题上。从国家层面来看，集权管理指的是国家统一管理高等教育，将管理权力集中在中央的管理模式。它通过限制下级高等教育机关的权限，形成统一的管理与指挥体系。集权管理的范围广泛，包括计划、招生、学位、毕业、经费、分配、人事、外事等方面。通过制定统一标准，集权管理明确了哪些事务由下级组织自主决策，哪些事务需要上报上级批准后才能进行。分权管理则指的是上级管理部门将部分权力下放给下级管理部门或高等学校组织，使其拥有更大的决策与管理自主权。分权有助于增强学校的自主性，灵活应对各自的需求与挑战。我国高等教育中的集权与分权主要涉及两个方面的关系：中央与地方的关系，以及政府与学校的关系。集权与分权在这两个关系中相互作用，影响着高等教育的整体运作与发展。

高等教育管理中的集权与分权是一个复杂且关键的问题。权力的分配与协调影响着学校的自主性、整体运作效率，以及各层级之间的关系，是高等教育管理中需要持续关注与调整的领域。

（一）集权和分权各有利弊

高等教育管理中的集权与分权有各自的优点与缺点。集权管理可以在一定程度上确保决策的权威性，基于国家和社会发展的需要，对全国高等教育进行统一规划和领导。这样有助于高等教育与国家政策、社会政治和经济环境保持协调发展，满足国家对高等教育的需求。然而，集权也容易产生统得过多、管得过死的弊端，难以灵活应对多变的社会环境，削弱了地方、部门及高校的积极性和主动性。分权管理可以减轻上级部门的工作负担，使其从具体事务中解放出来，更专注于统率全局。此外，分权还能激发各级部门的积极性和主动性，使其负有一定责任，不致感到无所作为。分权也可能导致宏观失控，地方和部门盲目发展高等教育，造成部门分割、条块分离的局面，甚至导致学校不规范办学，影响办学效益和教育质量。

在高等教育管理过程中，要把握好集权与分权的平衡。过度集权会导致上级大包大揽，削弱下级的积极性和主动性；过度分权则会使上级失去对下级的控制，导致混乱。对全局性、根本性、长远性的战略问题，应尽可能进行集中、协调和统一，上级指挥下级，下级也必须报告上级，以确保秩序。集中管理应适度，允许下级对一般事务和问题拥有足够的权力，以根据变化的情况独立决策。为了明确责权，通过法律手段确定集权与分权的度，确保执行中有法可依。

总之，高等教育管理中的集权与分权应遵循国家宏观调控下的学校自主办学原则，二者在相互补充中发挥作用，使高等教育系统在平衡中前进。

（二）集权和分权的转化

高等教育管理体制的转化有两种主要形式。一种是被动转化，这种转化发生在过度集权或分权影响到高等教育管理活动时，会从一个极端转向另一个。当前许多国家正在经历这种转化趋势。另一种是主动转化，在过度集权或分权的问题对高等教育实践造成影响之前，通过主动调整管理体制，保持集权与分权之间的平衡，从而确保高等教育系统健康协调地发展。由于高等教育管理活动的复杂性，集权和分权的度难以精确掌握，常会交替出现失衡。

新中国成立以来，中国的高等教育管理体制经历了多次变化。1949—1952年，从分散、混乱逐渐向集中统一过渡。1953—1957年，进入高度集中管理阶段。1958—1960年，部分高校管理权下放到地方。1961—1966年，明确了统一领导、两级管理的方针。1966—1976年，"文化大革命"期间，高等教育处于混乱和停滞，无从谈论管理。1976—1985年，基本恢复到1963年的管理体制。1985年后实行中央、省、中心城市三级办学的领导管理体制。

我国高等教育管理体制的演变呈现了从分散到集中再到适度分散的趋势。这种演变给我国高教事业带来一些问题。因此，最佳选择是主动控制集权与分权的转化，在动态中保持适度平衡。防止走极端，强调调整的"度"，而不是简单地集权或分权，二者需要相互补充和协调。动态调整，在实施过程中，保持灵活应对的能力，以确保管理体制的平衡，为高等教育事业的持续发展提供保障。

二、个人与组织

高等教育系统是一个由个人组成的社会系统，其中包括行政管理人员、教师、学生、教辅人员和服务人员等。这些个人不仅各自拥有自己的意志、利益和行为，也在高等教育系统中担任着不同的角色。

在高等教育管理中，个人可划分为管理者与被管理者。然而，这种划分是相对的，因为在不同层次的管理中，一个人可以同时是管理者和被管理者。无论其身份如何，每个个体都是组织中的一员，并不能脱离组织而独立存在。高等教育组织是由具有共同目标和相互协作关系的个人组成的实体，可以是行政组织或学术组织。共同的高等教育目标把教师、学生、管理人员等个人联系在一起，他们的协作确保了高等教育目标的实现。

个人和组织之间对立的一面主要体现在两方面：一方面，组织利益与个人利益，组织利益是个人利益的总和并高于个人利益。在高等教育系统中，组织的利益体现在培养人才、取得成果、为社会服务等方面，而个人利益则可能与组织利益一致或相反。另一方面，组织功能与个人功能，组织的功能是组织内个人功能的一种新表现，是多方协作的结果。例如，培养一个学生需要教师的教学、管理人员的协调、服务人员的支持，以及学生本人的努力。组织的力量不是个人力量的简单相加，而是一种新的力量。

高等教育系统中个人与组织的统一是主要方面。个人因其功能而成为组织中的一员，这些功能的发挥依赖于组织的存在。组织离不开个人，因为个人是其组成的最小单位。个人也离不开组织，因为组织提供了实现功能的平台。

高等教育系统中的个人与组织之间存在着对立与统一的关系。虽然个人与组织的利益和功能可能存在矛盾，但二者的统一关系才是主要的。组织为个人提供了发挥功能的平台，而个人则组成了组织的基本单位，二者相互依存，共同推动高等教育的发展。

高等教育组织中，教师、学生、管理人员构成了系统的重要组成部分。组织内的人员数量因组织任务的性质而异，但其关系是由管理水平与任务性质所决定的。高等教育组织内成员的文化层次各异，包括高级知识分子、普通员工以及学生，这些成员的利益也随之不同。经济利益、文化利益、政治利益等都在组织中体现了个人与组织的关系。此外，在高等教育组织中，成员在享受这些活动带来的利益时，个人与组织的关系也得到了体现。高等教育组织的整体利益是个人利益的升华，两者是一致的。组织利益来自成员的个人利益，若将二者对立来看，将会打击教职员工的积极性。因此，管理者应在维护组织整体利益的同时，保护个人利益，满足合理需求，营造团结、积极向上的氛围。在组织中，不同个人通过协作实现各自需求，在此基础上建立组织整体利益。整体利益的实现也满足了个人利益。因此，高等教育管理应平衡组织与个人的利益，确保两者相得益彰，从而促进高等教育系统的健康发展。

三、稳定与改革

（一）稳定

稳定是高等教育管理活动中的常态，由高等教育系统的相对稳定性所决定。稳定性源自高等教育系统自身的规律性及其发展的内在逻辑。这体现在以下几个方面。

第一，相对稳定性。高等教育管理的目标、模式和原则需要保持相对稳定，以便正常开展管理活动并对其要素和过程进行研究。稳定性是相对的，视时间、地点和空间而定。例如，高校内校长与被管理者的关系，在特定的子系统内相对稳定，但放入整个高等教育系统后则可能发生变化。

第二，量变中的稳定。在高等教育管理的某个阶段或体制未发生质变时，其内部可能有量的变化。例如，计划过程在没有转变为组织过程之前，会从目标方向向预测方向、决策方向变化，这种变化并未改变计划过程的性质，因此整体上保持相对稳定。

（二）改革

改革标志着高等教育管理活动中的质变，是其对未来的反应，受系统的开放性影响。

第一，改革是为了适应外部环境的变化。开放性要求高等教育管理活动不断适应外界变化，例如制定新目标、新政策、调整管理模式和体制等，并赋予高等教育新的职能。高校职能由教学、科研向社会服务拓展时，其管理范畴也随之扩展，需要对高校的社会服务、技术推广、咨询等活动进行管理，这是一种质的变化。

第二，改革是因为高校存在体制的转变。随着经济体制由计划经济转向社会主义市场经济，高等教育管理体制也由高度集中统一向统一领导、分级管理、宏观调控转变。这种转变是一种根本性的改革，使高等教育管理更好地适应外界环境。

（三）高等教育管理中的稳定与改革

高等教育管理中的稳定与改革呈现辩证统一的关系：

第一，相互包含与渗透。改革标志着管理体制的全面变化，但在其发生之前，管理活动可能处于相对稳定的状态。即便如此，局部性的改革仍在进行。比如，新中国成立以来，高度集中统一的高等教育管理体制经历了多次局部改革，但并未打破其整体结构。这种稳定性体现了对计划、组织、协调、控制过程的充分认识与把握，同时也蕴含改革的潜力。每个过程的实施也意味着对其他过程的改革，例如控制过程对计划过程的反馈与修正。

第二，稳定中有改革。改革是动态管理的特征，需要根据客观条件的变化及时修正不利于发展的弊端。然而，改革中也有稳定的因素，改革需要步骤和阶段。改革的政策、体制、模式等需要一段时间的稳定，以便观察、评价，并形成新的稳定状态。

第三，相互转化的趋势。管理体制和过程的相对稳定，使高等教育系统按其逻辑发展运转，但并不意味着这种运转会一直持续。当系统内部的矛盾积累到一定程度时，改革就不可避免地发生了，冲破旧体制，建立新体制，从而又进入新的稳定状态。

稳定—改革—稳定的循环推动了高等教育系统由低级向高级发展，保证了系统的健康运转。如果改革未能促进发展，那么这种变革就是错误或失败的。

四、社会效益与经济效益

（一）高等教育的经济效益与社会效益

在市场经济体制下，高等教育的经济效益是一个不争的事实，但需要将其定位在合理范围内。可以从内部和外部两个角度来理解：

第一，内部视角。高等教育的经济效益可以看作单位时间内培养的人才的数量和质量与成本（包括资源的消耗）之间的关系。比较不同高校在培养同等数量和质量人才时的投入产出效率，可以评估其经济效益。

第二，外部视角。可以通过高等教育对社会创造的财富数量来衡量其效益，例如通过收益率分析来推断高等教育对社会经济发展的贡献。

然而，高等教育系统主要属于非物质生产部门，不能将其过度强调为物质服务部门。高等教育的社会效益主要体现在其对社会系统整体和长期的影响，包括对经济、政治、文化、科技等方面发展的影响，其培养的高级专门人才对社会各方面的贡献深远。

（二）经济效益与社会效益的衡量

高等教育的经济效益在一定程度上是可以量化的。研究发现，1929—1957年间，美国国民收入的年增长率为2.93%，其中因教育增加的收入占23%。[①] 另一项研究显示，教育对美国经济增长的贡献约为33%。然而，高等教育的社会效益在很多方面难以量化，如其对社会文明、民主、科技进步等方面的贡献。这种非量化性质使我们不能简单用经济效益替代高等教育的整体效益，也不能否定对其经济效益的研究。

（三）社会效益与经济效益的辩证统一

在高等教育管理中，社会效益与经济效益是辩证统一的。（1）社会效益包含经济效益。高校在管理过程中必须重视经济效益，尤其在资源有限的情况下要加强成本管理，提高经济效益，以实现更好的社会效益。（2）相互促进。社会效益与经济效益相互联系、相互促进。良好的经济效益是社会效益的标志，也提供了其提高的保障；而高社会效益为经济效益的进一步提升创造了前提。

总之，在高等教育管理中，要平衡好短期经济效益与长期社会效益，将短期行为纳入长期目标，确保二者相辅相成，实现高等教育系统的健康发展。

[①] 郁庆璘. 丹尼森经济增长因素分析法 [J]. 外国经济与管理，1985（6）：4.

第三章 教育管理系统组成部分的角色与功能

第一节 教育管理系统概述

我国高等教育管理体系可以分为宏观系统和微观系统。这种区分基于中国高等教育管理的实际体制，有助于分析高等教育管理的层次与职能。这种区分是相对的，因为宏观与微观之间的界限并不总是清晰明了。此外，仅凭"宏观高等教育管理"或"微观高等教育管理"这两个术语也无法准确描述中国高等教育管理的各个层次。

一、宏观高等教育管理系统

宏观高等教育管理系统是依据宏观管理的职能要素形成的，其主要结构包括对高等教育发展战略、组织办学方向、学科发展以及教育质量的规划和控制。这一系统主要负责高等教育的行政管理。高等教育行政管理是国家教育行政部门根据高等教育发展的规律和国家的高等教育目标，有计划地协调整个高等教育系统的各种关系和资源，以确保实现国家培养高层次人才的目标。它着重解决政府教育行政部门与高校之间的关系问题，并且是高等教育管理中的全局性组织制度，包括机构设置、责权划分、领导关系以及管理方式（如行政、法律、经济手段）等内容。同时，它也是高等学校管理的前提，明确了行政部门和高校的工作职责和管理范围。在我国，高等教育行政管理是国家教育行政的重要组成部分，通过依法对各类高等教育事业及其机构进行经济而有效的领导和管理，使高等教育有组织、有系统地开展。具体而言，高等教育行政管理的结构和内容包括以下五个方面。

高等教育行政管理是国家的一种专业性行政管理。不同于一级政府的"一般行政"或"普通行政"，作为国家一级管理的专业机构，其职权由宪法所规定，在它所属的行政范围和区域内统一领导各种教育职能机关的工作，其行政活动带有全面性和综合性。

高等教育的两级行政管理。高等教育行政活动的主体是国家和地方政府教育行政机关，即中央教育行政机关和地方教育行政机关。两者之间呈现领导与被领导的关系。地方教育行政机关接受上级教育行政机关和本级政府的双重领导，同时对本地的教育组织行使宪法赋予的管理权，并具有一定的自主权。

高等教育行政活动的客体是各类高等教育事业及其所属机构。高等学校的举办者因从事教育活动而成为高等教育行政的客体，也有人认为国民因接受或参与高等教育活动而成为高等教育行政的客体，这是值得研究和思考的。如果我们把高等教育的接受者视为客体，从关系上看，接受者是获得方、被动方。目前，高等教育的接受者已经对高等教育进行投资，因此，主体与客体之间的关系正在发生微妙的变化。

高等教育行政管理的目的是实现国家法律规定的教育目标、保障公民接受高等教育的基本权利、提高全民素质，并培养国家所需的各类专门人才，因此，国家对高等教育既有管理权，也有更多的管理责任和服务义务。高等教育行政应当为实现高等教育目标创造必要的条件，保障高等教育事业的发展和教育改革的成功。

高等教育行政管理的手段和方法在于通过实施《高等教育法》及相关法律法规、教育政策来规范高等教育行为。这些手段和方法调动各方面办学的积极性，使高等教育活动有组织、有系统地展开，经济、规范而有效地运行，以保证国家高等教育目标和任务的实现。

从高等教育行政管理的国际比较角度来看，其体制并非凭空构建，而是在本国的国家体制、社会背景、经济基础以及历史传统的基础上发展起来的。因此，没有一种模式优于另一种模式的问题，而只是适合与否的问题。在我国，高等教育行政管理应注重两个方面：第一，管理体制应实行统一领导、宏观指导、分级管理的体制。我国地域辽阔，社会发展不平衡，全民族的科学文化水平和科学技术相对落后。在现有综合国力的条件下，高等教育行政管理必须实行统一领导，同时加强中央的宏观控制和指导，并将发展多样性高等教育（如面向地方服务为主的普通高等教育、高等职业教育等）的责任和权力交给地方，调动社会各方面办高等教育的积极性，形成分级管理、分级办学的体系。第二，高等教育行政管理应当法律化和民主化。管理体制改革的问题不仅在于下放和调整管理权限，更在于制定并有效执行《高等教育法》及相关法律法规。我们要发扬我国高等教育管理中的一些好的做法（如民主集中制原则），同时借鉴西方国家高等教育管理中的业务咨询、管理监督、决策参谋的服务功能，以有效提高高等教育行政管理的质量、水平和效益。

高等教育行政管理主要体现为教育部和地方教育行政部门有关司、局、处等职能机构对高等教育组织进行管理，这些管理构成了高等教育行政管理的下位概念，包括：高校审批、学科专业设置、学位与毕业证书、办学方向、领导班子、规模与层次、经费、教育质量、科研、招生与就业、政治与国防教育等内容。当然，这些下位概念有些也可以说是中观管理概念。既然有下位概念，那么上位概念则可能是国家和地区的高等教育战略管理，主要包括：各时期国家高等教育发展目标与规划的管理，国家高等教育布局与区域发展协调的管理，以及国家高等教育发展的调控管理——包括政治方向、教育立法、教育发展（层次、规模、速度）以及国家教育投资等方面。

宏观高等教育管理系统的表现形式相对简单，从系统性质来看，它主要负责规划、决策和监控。规划与决策是一种行政权力性的组织管理活动，利用专家系统和组织系统按照政策法规办事即可解决。而监控则涉及微观管理活动的各个方面，包括时间、程序、规范和机制等方面的管理活动，因此有必要将其纳入系统。所以，宏观高等教育管理系统主要体现在战略规划与监控调节方面，而管理活动的重要性则体现在监控系统的运行质量上，因为监控结果直接影响规划和决策的落实。

与微观高等教育管理系统相比，宏观高等教育管理系统属于上位系统。毫无疑问，上位系统的变化或问题会直接影响下位系统。从国家层面来看，由于体制原因，特别是宏观高等教育行政管理中，宏观系统的权力过于集中，行政功能较强。因此，对上位系统作用的重要性不可低估。现代宏观高等教育管理系统的研究表明，行政功能应逐步弱化，并加入一些社会元素，使其参与到高等教育的宏观管理中，使宏观功能发生变化，以促进微观高等教育管理系统的蓬勃发展，充分挖掘其潜力，使其功能发挥到极致。当然，这种系统功能的转变需要一个过程。

二、微观高等教育管理系统

微观高等教育管理系统的结构是基于管理的功能要素而形成的。微观高等教育管理指的是高等教育组织通过有意识地调节组织内外的各种关系与资源，以有效实现既定的高等教育系统目标的过程。这一系统是高等教育管理系统中的下位主体系统，具有较大的可塑性和可操作性,因此是我们研究的重点。本书中的高等教育组织主要是指高等学校,但不仅限于此,因为高等教育组织还包括高等教育科研机构、高等教育咨询服务机构等其他组织。然而,当前的研究主要关注高等学校的组织管理及由此形成的高等教育管理系统。

(一)高等学校内部管理的依据

1. 高等教育组织运作的一般规律

高等教育组织的运作规律包括两个方面:首先是高等学校的办学与经济社会协调发展的规律,有人称之为高等教育发展的"外部关系规律"。具体而言,高等教育的规模、结构和质量通过人才培养和科学研究的社会效益来体现。高等教育组织需在高等教育行政管理的框架下有效发挥职能,与系统相关联并适应外部环境。其次是高等教育活动与学校客观功能的发挥相适应。学校的社会定位决定了其功能,即客观功能。培养各级各类高级专门人才的教育功能是大学的核心功能,对于研究型大学,还包括科技创新和知识创新的功能。作为教育,它应有利于学生身心发展,这是教育的最基本规律;作为科学研究,它还需遵循学科发展与研究的一般规律;作为学校内部管理,它需遵循大学组织中人、财、物等资源利用的规律。这些规律合称为高等教育组织的"内部关系规律"。

2. 高等教育的目的是高等学校管理的依据

高等教育的根本目的是培养社会主义的建设者与接班人,以及各级各类高层次专门人才,高等学校的一切教育活动应围绕这一目的展开。因此,高等学校的管理必须基于此目标,实施符合教育规律、具有中国特色和学校特点的管理方式。高等学校的教学管理、科学研究与学科专业建设管理、学校党务管理、行政管理以及后勤管理都必须围绕此目标进行,否则将失去方向并偏离目标。

(二)高等学校内部管理系统

高等学校内部管理系统的划分没有固定标准,一般可分为行政管理系统、党务管理系统和后勤管理系统。行政管理系统主要负责日常人、财、物等教育资源的管理调配,以及各项行政活动的计划、组织、协调和监督。党务管理系统是学校办学方向的保障系统，体现党对基层党组织的领导。通过思想政治、宣传、社团（工、青、妇）等工作，党务系统调动各方积极性，促进学校办学目标的实现。后勤管理系统是支撑学校生活服务保障的系统，是学校的三大系统之一。尽管通过后勤社会化改革，大学组织内部的后勤功能有所弱化，但这一系统仍然非常重要。

1. 行政管理系统

学校的行政及直属部门管理系统可分为四个层次。第一个层次是教学、科研管理系统。这是学校行政管理系统中的两个主要子系统，因为它们体现了学校的教育性和科研性功能。第二个层次是支撑这两个功能实现的子系统，包括人力资源管理系统、财务管理系统、资产管理系统、学生管理系统等。第三个层次是行政协调和监督系统，包括学校办公室、监察审计部门等。第四个层次是根据学校发展需要设置的直属部门和临时部门。

（1）教学与科研管理系统。

高等学校教学管理是指在一定时间和空间内，为实现一定教学目标，合理有效地调配学校中的人、财、物，尤其注重管理者、教师、学生的能动性，以保证教学和人才培养的质量，最终实现教学目标。目前，我国大学的教学组织主要以院、系为单位，下设教研室（组），是教学活动的具体执行组织和最基层的行政组织。有些大学以学科专业设置教学组织，通过学科带头人行使管理和教学职能。教学组织系统一般由学校职能部门教务处和院、系下设的教研室（组）组成，通常为校院（系）两级管理。

教务处在主管校长的领导下协调全校的教学活动，通过制度进行管理，是学校教学管理的职能部门。其主要工作职责包括以下方面。

第一，专业和人才培养计划的管理。根据学校发展规划和定位，论证并申办新专业，调整旧专业。根据专业培养的目标要求，制定人才培养计划。

第二，组织教学计划的实施，进行教学的日常管理。修订年度教学计划、课程教学大纲，提出课程教学要求。下达年度教学计划，编制校历，协调教学资源，进行教学环节的过程管理。

第三，教学制度的管理。制定教学的各项规章制度，包括教学管理人员、教学人员的管理制度，各教学组织单位的管理制度，学生的学习管理、学业、学位及毕业证书的管理制度，以及与教学相关的其他制度。

第四，教学质量管理。对各个教学环节进行过程控制，组织期中教学检查和年度教学工作考核，确保教学活动正常进行。开展教学研究，建立和完善教学管理的有效机制，促进教学质量的提高。开展品牌专业、精品课程的评估评选活动，保证专业人才培养的质量。

教学院（系）负责落实学校下达的各项教学任务，具体实施本院（系）的教学活动。以教书育人为目标，调动本院（系）教师和学生共同参与教学的积极性，将人才培养质量的具体指标落到实处，把教学投入产出工作做到实处，履行好院（系）的职责与权力。

学校的专业建设是保障教育教学质量的重要手段。专业建设主要体现在专业教育方面，包括人才规格要求、课程结构、教材及课程内容、条件平台、教学方法与手段、师资队伍等。它根据社会对人才的要求，不断调整人才培养目标，更新教育教学内容，改进教学方法，优化课程设置，形成合理的课程结构与体系。与学科建设一样，其核心问题在于师资队伍的建设。

教学管理是高校人才培养的重要组成部分，并在教学活动过程中实现。通过实施教学质量管理、制定科学的教学管理制度，形成全方位的质量保障机制，是高校教学活动成功的关键。

高等学校科研管理与学科建设相关联，是指高校在特定的时空范围内，根据科技发展和高校科研的特殊规律，为实现特定的科研创新目标，合理有效地调配人、财、物，以适应学校内外环境的变化，最终达到科研目标的过程，并由此形成科研管理系统。我国高校的科研管理由校（院）长或主管科研的副校（院）长负责，科研处为职能部门，负责全校科研工作。各院（系）分管科研的领导则根据学校的科研目标任务，有步骤地实施科研计划。

科研处的主要职责包括：

①科研计划管理：编制科研中长期计划，制定近期工作计划。

②科研组织与制度管理：代表学校制定科研管理政策，组织申报各级科研项目，组织评审科研成果与奖励申报，推广科研成果，组织科研信息与学术交流，提供科研信息服务。

③其他管理：包括学术委员会或科学委员会的组织服务工作，专利事务的日常工作，协调科研团队培育科研创新的工作，以及科研事务的其他工作。

各院（系）根据学校的科研目标总体要求，分步实施科研计划，以较好地完成学校对院（系）的科研投入与产出。

（2）教学科研的主要支撑系统。

第一，人力资源管理系统。它指的是组织或社会团体运用系统理论方法，对组织的人力资源进行分析、规划、实施、调整，并通过引进、使用、培养、考核、晋升等方式对人才进行管理，提高人力资源管理水平，使其有效服务于组织或团体目标。

第二，财务管理系统。它通过预算、决算和财务制度的管理，量入为出，增收节支，对各项财务支出进行有效控制和管理。大学内部的财务管理有的实行学校高度集中管理，有的实行两级管理，而学校的经营部门则采取独立核算的方式。

第三，资产管理系统。现代大学的资产管理分为有形资产和无形资产。有形资产是实物性资产，包括地产、房产、教学科研仪器设备、生产生活设备等。无形资产包括学校的校名、多年办学形成的文化品牌、科学技术的发明创造、注册商标等知识产权方面的资产。

第四，行政协调和监督系统。一般学校的办公室、监察审计部门等作为学校的行政协调和监督部门，组成了行政协调和监督系统。

第五，行政直属系统。根据学校工作要求，发展规划部门、政策法规部门、教育研究部门、图书馆、期刊社及其他直属部门等构成学校的行政直属系统。

第六，其他系统。有的学校设有专业或临时直属管理部门，如考核评估直属部门、学科建设办公室、"211"办公室、学位管理办公室等，也有的学校将这些单位挂靠在某个职能部门。

2. 党务管理系统

党务管理系统是国家为了对大学进行政治领导，根据工作职能设置的党务工作机构，并形成一套管理系统。通过党的组织部门、宣传部门、纪律检查部门，保证中国共产党对大学的绝对领导，确保大学办学方向正确，落实党的办学方针政策。通过工、妇、青等社团组织，调动广大教职员工的积极性，为学校的发展目标提供政治思想保障。

除了学校一级的党务工作部门外，学校还在院（系）和有一定规模党员人数的单位设立党的基层组织，包括党的总部支委员会和支部。

3. 后勤管理系统

高等学校后勤管理是指根据后勤社会化的一般规律和高等教育培养人才的特殊规

律，通过调节高校内外部相关后勤资源，为培养人才的教育目标服务。由日常生活生产服务、基本建设与维修等部门组成后勤管理系统，也称后勤服务系统。

我国目前大多数高校后勤工作实行甲乙方模式，由后勤集团、基建维修部门、其他服务公司组成后勤服务系统，实行公司化运作。学校分管校长通过后勤管理处作为甲方代表，提出后勤工作的目标任务，后勤服务公司通过协议或招标获得服务项目，提供有偿服务。

随着经济和政治体制的改革，高校后勤社会化正在不断深化和完善。高校后勤管理改革的根本目的是理顺高校职能，使其专注于自身的工作，避免办社会，将社会事务交给社会，以减轻学校负担，提高学校办学效益。高校后勤服务为学校的教学、科研工作提供服务，为确保后勤社会化的具体实施，实行定额承包，组建自负盈亏、独立核算的经济实体。

我国大学传统的后勤管理机构主要由行政命令方式管理，活动经费由行政事业费统一下拨，是一种"供给制"。在市场经济条件下，后勤机构效能需得到发挥，其原则是实行政企分开，将后勤服务机构分为两种类型：第一是后勤行政管理部门，负责大学后勤日常行政管理，制定、执行后勤计划，并接受上级监督检查。第二是经营性质的服务型或生产型经济实体，按照所有权与经营权适度分离的原则，以经营为主，自负盈亏，独立核算，享有独立法人地位。后勤服务活动的多样化要求组织管理的标准化、规范化，制定一系列相应的后勤管理规章制度是后勤改革的要求。

3. 其他管理系统

根据学校功能和性质的不同，学校可以选择多样的管理模式。因此，我国大学的内部管理模式逐渐呈现多样化，出现了一些新的管理系统。

（1）学科建设系统。有些高校重视学科建设工作，成立校院（系）两级管理部门，形成专门的学科建设与管理系统。学科建设是一个复杂且长期的系统工程，被认为是高校工作的龙头。优质的学科专业水平有助于培养一流人才。学科水平的标志是科研水平，科研成果直接反映学科水平。科研依托三方面建设：一是学科专业队伍建设，二是科研平台建设，三是管理制度建设。学科建设的管理在一些学校由科研处负责，有的学校则设有专门的学科建设管理机构。大学竞争将体现在人才培养质量和学术水平的竞争上，后者又直接影响学科专业水平和人才培养质量。因此，随着人们对学科建设意义的认识加深，学科建设系统将变得越来越重要。

（2）目标管理系统。为推进内部管理改革，引入现代企业管理模式，大学实行目标管理，形成一种新型管理系统。目标管理打破了传统的大学管理方式，不再依赖单一行政部门管理，而是对院（系）和学校工作进行综合管理。目标管理的核心是确定学校各时期和年度的工作目标，涉及学校工作的方方面面，因此需有一个部门牵头协调，多部门参与，形成协调而权威的管理系统。

（3）学生管理系统。鉴于目前我国的国情，学生管理肩负着重大的社会和家庭责任，是学校最复杂的管理系统之一，事务性管理内容繁杂且影响学校和社会的稳定。学生管理系统由学校党政共同负责。有些学校成立专门的学生工作部，由一名领导直接担任部长，包括学校学生事务管理部门、相关党政职能部门、各院（系）党总支、团支部等，组成庞大的学生管理系统。

三、宏观与微观高等教育管理的关系

既然高等教育管理是一个系统，高等教育管理系统中的各个子系统是一个有机整体，根据系统的关联性，宏观高等教育管理（高等教育行政管理）和微观高等教育管理（高等学校管理）相互联系在一起，其概念体系也是相互关联的。这种关系表现在两个基本方面。

（一）宏观和微观的管理是"条"和"块"的管理

高等教育行政管理是一种专业性的行政管理，既然是专业性管理，则存在领导与被领导的关系，上位管理与下位管理之分，以及上下级之间的关系。教育部与各级地方教育行政部门将教育事业分解为若干工作方面，每一方面都与高等学校的某一方面直接关联，形成一条纵向链条，我们称之为"条"的管理。"条"的管理体系包括中央、地方、高等学校三个层次。地方的高等教育管理相对于中央和各省市的高等教育管理是"块"的管理。而高等学校则相对于上级管理部门进行自主管理，各高等学校本身又是"块"的管理。学校总体上进行与人才培养有关的各种活动，而这些"块"中的活动（如教学、科研、学生管理、师资队伍建设等）都受到上级教育行政部门的领导与协调。因此，高等学校的管理是一种"条块"结合的管理。这种关系主要体现在高等教育的管理体制上，特别是领导体制，包括政府对高等学校的领导关系和学校内部的领导关系。前者称为宏观领导体制，即高等教育领导体制，后者称为微观领导体制，即学校内部领导体制。当然，这种区分是否严格、科学，还有待商榷。

如何处理好"条块"的关系是国家政治经济体制改革后出现的课题。国家体制的变化直接导致高等教育体制的改变。处理好"条块"的关键是明确各自的功能和职责，明确"条块"该做什么、不该做什么，并用法律予以明确。当然，理顺这种关系是复杂的，有时会陷入两难境地，需要上位改革达到一定程度后，下位改革才能配套完成。

（二）宏观和微观管理体制之间的集权与分权

我们之前讨论过集权与分权的问题。这里的"集权"是指决策权过度集中在最高层领导机关，下级单位只能根据上级的指示和决定办事。"分权"是指上级的管理体现在法律和制度上，主要通过对下级的监督控制体现，上级不干涉下级机构权力范围内的事务，下级单位在自己管辖范围内有较大的自主权。在高等教育中，集权与分权的问题实际上是处理整体与部分的关系问题。在社会主义市场经济条件下，高校需要更多的办学自主权，这就要求加快高等教育管理体制的改革。

高等学校内部的领导关系包括领导制度、机构设置、管理权限及其相互关系的根本组织制度。它是学校内部带有整体性、全局性的制度，直接支配着学校的全部管理工作，是高校微观管理能否搞活的关键。目前我国高校领导体制主要是党委领导下的校长负责制，其中党委是学校的政治核心，校长受政府委托，在党委领导下管理学校，并对学校行政工作全面负责。教职工代表大会实施民主监督和民主管理，这是一种相互促进、相互制约的体制。

从技术角度分析，高等教育管理无论宏观层次还是微观层次，都涉及计划、组织、领导、控制等技术手段，只是运用程度和方法不同而已。因此，在技术层面上，宏观与微观高等教育管理也是有机结合的。高等学校内部管理既与宏观高等教育管理协调一致，其自身也具有整体一致性，即围绕培养人才的总体目标有机结合在一起。需要强调的是，高等学校管理的有效性很大程度上取决于学校本身的自主权，即微观高等教育管理与宏观管理既存在一致性，也有矛盾性，矛盾焦点是高等学校的办学自主权。

高等教育管理的分权问题不能简单看待。首先，要明确分权的原因，不是什么权都可以分掉。在不明确权力划分原则的情况下，简单地提分权问题是盲目的。其次，分权不仅仅是分利，也不仅仅是下放权力，而是在分权的同时，明确上下位各自承担的责任。

四、高等教育管理系统构成分析

既然高等教育管理是一个系统，那么该系统的构成及其呈现的状态各具独立性。

（一）发展与需求构成的目标系统

高等学校的总体发展目标应当且必须与国家和各级政府的教育发展目标一致，国家和各级政府的目标是使高等教育发展与社会政治经济发展相适应，具体表现为人才培养的质量与数量需求，以及科学知识创新与科学技术创造推动社会文化发展与进步。高等学校的发展目标因各自情况不同而有所差异，但总体上可归纳为学科建设的发展目标、教育质量目标、科学研究发展目标，以及办学质量、水平、效益协调发展目标。因此，宏观与微观的需求、国家的高等教育目标与高等学校的发展目标共同构成了中国高等教育的目标系统。

（二）体制与功能构成的组织系统

从宏观管理体制来看，中国高等教育分为中央和地方两级管理，地方主要是省级人民政府。中央政府通过教育部管理国家的高等教育，地方政府通过教育厅管理所属高校。两级管理内部又分为多项具体业务管理部门，由于中国高等教育管理的行政性较强，教育主管部门与其他政府机构对口较多，管理组织也较为庞大。从微观管理体制来看，除了根据大学功能设置的管理机构外，由于历史原因，中国的大学相当于一个小社会，学生的学习、吃、住、行、医、保险等都要管，同时学校还需负责学生在校期间的人身安全、心理障碍事故、政治事件等影响。因此目前中国高校的内部管理组织也较为庞大，这是体制原因导致的。

（三）人、财、物构成的资源系统

人、财、物是为了实现高校功能所配置的资源，人力资源是社会性资源，财、物主要是国家投资性资源，也有部分来自学生缴纳的学费和社会筹措。人、财、物是高等教育的基础资源，缺一不可。资源的充足与否直接影响学校的生存与办学，资源系统优质率高低直接影响高等教育的水平和质量。

(四) 政策与机制构成的运行系统

高等教育的运行实际上是高等教育管理过程的具体表现。能否正常运行、高质量、高效率运行，关键在于依靠健全的法规政策和依法管理力度，形成一种有效的管理机制和运行模式。高等教育的管理实际上是通过政策、制度等对高等教育资源进行系统地、有效地配置。

第二节 学校是教育管理的第一责任人

高等教育在社会发展中扮演着至关重要的角色。它不仅培养了国家和社会所需的各类高级人才，还通过科研创新推动了社会文化的进步与科技的发展。随着经济全球化和科技迅速发展，高等教育对国家综合实力的影响日益明显，高等院校作为人才培养和知识创新的重要基地，其角色愈加突出。

在这种背景下，学校在教育管理中承担着第一责任人的角色。学校不仅负责制定人才培养目标和提供优质教育资源，还需要确保教学、科研、学生管理等各方面的质量与效率。学校的管理水平直接关系到高等教育的质量与办学效益，因此学校在教育管理中的角色显得尤为重要。

一、学校在教育管理中的职责

(一) 人才培养

在高校教育管理中，学校作为教育管理的第一责任人，负责制定人才培养的目标和方针，并根据不断变化的社会需求调整人才培养的方向。当前，经济和科技的发展对人才的需求呈现多样化和专业化的趋势。学校在制定人才培养目标时，需全面考虑社会各行业的实际需求，以确保学生所学的技能和知识能够适应未来的工作环境。

为实现这一目标，学校需要根据产业发展和社会需求合理设置学科专业，紧跟时代的脚步。学校应主动与企业、科研机构和政府部门合作，深入调研社会对高级技术人员、科研人才和专业管理人员的需求状况，并反映在课程设计和教学内容中。在培养高级技术人员方面，学校应注重培养学生的实用技能，结合行业标准开设技术课程，提供先进的实验设施和实习机会，使学生毕业时具备直接上岗的能力。

科研人才的培养需要学校具备前瞻性的视角和广泛的学术支持。学校应鼓励学生参与科研项目，提供研究资金和资源支持，激励他们积极参与学术研究，发表论文和专利。同时，通过与国际知名研究机构的合作，帮助学生拓宽研究视野，了解国际学术动态。

专业领域的管理人员需要具备理论与实际相结合的能力。学校在管理人才的培养中，应提供综合性的课程体系，包括管理学理论、案例分析、领导力培训等，同时提供企业实习和管理项目的实践机会，确保学生具备解决实际问题的能力。

此外，学校应建立完善的就业指导体系，帮助学生将学到的知识应用到职业生涯中。通过与社会各界的紧密合作，学校不仅培养出适应社会需求的各类人才，还为国家和社会的经济发展提供了持续的动力支持。

（二）教育质量

学校作为高校教育管理的核心机构，对教育质量负有直接责任。为确保教学质量与科研水平的不断提升，学校需要采取一系列措施。首先，在课程设置方面，学校应进行全面的课程评估与更新，以确保课程内容与最新的行业发展和社会需求保持同步。课程的设置不仅要覆盖基础知识，还要引入前沿的理论和实用技能，让学生具备应对未来职业挑战的能力。

改进教学方法也是提升教育质量的重要一环。学校应推行以学生为中心的教学理念，采用多样化的教学方式，包括案例教学、实验教学和实践教学等，激发学生的学习兴趣和主动性。此外，借助在线教育和混合式教学，学校可以提供更多灵活的学习机会，满足学生多样化的学习需求。

在科研实力方面，学校应鼓励教师和学生积极参与科研项目，并提供充足的资金和资源支持。通过打造科研团队和平台，学校可以开展跨学科的科研合作，推动学术创新。在这过程中，学校还应加强与国际知名大学和科研机构的合作，建立联合研究项目和学术交流计划，提升科研水平和国际影响力。

此外，学校需要建立完善的教学评估机制，通过多维度的评估体系来监测和提升教育质量。这包括对教师教学表现的评价、学生学习成果的评估，以及课程和教学方法的定期审查。通过引入外部评估和反馈，学校能够发现教学中的不足之处，并及时作出改进，以确保教育质量稳步提升。

综上所述，学校通过优化课程设置、改进教学方法、提升科研实力、加强学术交流和建立完善的评估机制，为学生提供高水平的教育资源，确保他们在学术道路和职业道路上取得成功。

（三）学生管理

高校在教育管理中承担着全面的学生管理责任，这包括学生的学习、生活、心理健康等多方面。学校在学生学习上提供全方位支持，以确保他们在学业上取得进步。具体而言，学校应设立学术辅导和咨询服务，为学生提供课程选择、学习策略、考试准备等方面的指导。对于需要额外帮助的学生，学校应提供一对一的辅导，帮助他们克服学术上的困难。

在学生的生活管理方面，学校应建立完善的住宿和饮食服务体系，为学生提供安全、舒适的生活环境。通过设立专门的生活指导老师，学校可以及时了解学生的生活需求并提供相应的帮助。除了生活保障，学校还应组织丰富的文体活动和社团活动，为学生提供多样化的课外生活选择。

心理健康方面的支持对于学生的整体发展尤为重要。学校应建立心理咨询中心，配备专业的心理咨询师，为学生提供及时的心理辅导和支持。通过定期举办心理健康讲座和工作坊，学校可以帮助学生提高心理健康意识，并提供应对压力和情绪管理的技巧。此外，学校应在学生中间培养积极的心理健康文化，让他们在需要时感到求助无压力。

为了确保学生的全面成长与发展，学校还应在职业发展方面提供支持。通过设立就业指导中心，学校可以为学生提供职业规划、简历写作、面试技巧等方面的培训。学校应积极举办校园招聘会，并与企业建立合作关系，为学生提供实习和就业机会。与此同时，学校还可以通过校友网络，为学生提供更多的职业发展资源和机会。

总之，学校通过提供全面的学生管理服务，确保学生在学业上取得进步，在生活上获得保障，并在心理健康和职业发展方面获得必要的辅导与支持。

(四) 资源配置

高校在教育管理中，合理配置人、财、物资源对于支持教学和科研活动、提高办学效益至关重要。为了有效分配人力资源，学校需要制定科学的招聘、培训和考核制度，吸引和留住优秀的教职工。通过持续的培训和职业发展规划，学校可以帮助教师和科研人员不断提高教学和科研能力，从而更好地支持学校的整体发展目标。

财务资源的合理配置同样重要。学校应在预算编制和执行过程中，确保资金投入符合教学和科研的优先需求，并保持透明度和审慎的财务管理。通过制定科学的财务管理制度，学校可以优化资金的使用效率，在满足教学和科研需求的同时，确保财务的可持续性。

物质资源的配置则包括实验室设备、图书馆资源和校园设施等。学校应根据教学和科研的具体需求，合理采购和维护设备，确保学生和教职员工能够使用先进的教学和科研工具。同时，通过不断扩充图书馆和在线资源，学校可以为师生提供丰富的学习与研究资料。校园设施的管理和维护也不容忽视，学校需要为学生和教师提供安全、舒适的学习和工作环境。

科学的资源管理制度是实现资源高效运用的关键。学校应设立资源管理部门，负责统筹管理人、财、物等各类资源。在管理过程中，学校应充分利用现代信息技术，提高资源管理的透明度和效率。通过定期的资源使用评估，学校可以发现资源分配中的问题，并及时进行调整，优化教育投入。

综上所述，通过合理配置人、财、物资源，学校能够有效支持教学和科研活动，提高整体办学效益。科学的资源管理制度是保障资源高效运用的基础，为学校的教育和科研活动提供了坚实的基础条件。

二、学校与政府的关系

(一) 政策法规

高校在教育管理中，必须严格遵守国家的教育法规和政策，将政府的目标与自身的发展规划相结合，以确保办学方向的正确性。国家出台的教育政策与法规为学校的发展提供了明确的指引和框架，确保高校在人才培养、学科建设和科研创新方面有清晰的目标和方向。

在人才培养方面，国家教育政策通常会对人才的培养方向和规模提出要求。学校需要根据这些政策，结合社会发展的需求，调整学科专业设置，并优化教学方法，以确保培养出符合社会需求的专业人才。例如，国家鼓励发展高新技术产业，那么学校在相关专业领域就应当加强投入和培养，以满足社会对高端人才的需求。

学科建设方面，国家政策通常会对重点发展的学科领域提供支持和指导。学校应充分利用这些政策支持，发展具有战略意义的学科领域，为国家的经济和科技发展提供学科基础。在此过程中，学校需要结合自身的实际情况，集中资源打造优势学科，以形成核心竞争力。

科研创新领域，国家政策和法规为高校科研的方向和目标提供了明确的指引。学校应根据国家的战略需求，设立科研重点，集中力量攻关关键领域。同时，学校应当利用国家的政策支持，建立健全科研管理机制，提高科研效率，促进科研成果的转化与应用。

为了更好地将国家的政策法规与自身的发展相结合，学校需要在内部制定一套符合自身实际情况的办学方针与策略。在制定这些方针和策略时，学校应当全面评估自身的资源和能力，找到最符合自身发展的道路。在执行过程中，学校应当保持灵活性，及时根据国家政策的变化和社会需求的调整，更新和完善自身的办学方针与策略。

总的来说，通过将国家的政策法规与自身实际相结合，学校可以确保在国家教育战略中发挥积极作用，为社会培养出符合国家发展需求的人才，助力学科建设和科研创新的发展。

（二）监督与评估

在高校教育管理中，政府对学校的教育质量实施监督和评估，确保教学和科研水平与国家的发展目标相符。为此，学校必须积极配合政府的评估，主动接受各类审查，包括教学质量评估、学科评估和科研项目评估等。

教学质量评估通常涵盖课程设计、教学方式、师资力量、学生反馈等多个方面。通过全面的教学质量评估，政府能够了解学校在课程设置和教学效果方面的实际水平。学校在配合评估的过程中，可以发现自身在课程设置、教学方法和师资管理方面的不足之处，从而改进教学策略，优化课程内容，提升教学质量。

学科评估通常重点考察学科的教学与科研水平、师资力量以及学科建设等方面。通过这类评估，政府能够确保高校的学科建设与国家的发展需求相吻合。学校在接受学科评估时，应深入分析自身学科的优势与不足，针对评估结果制定发展策略，推动学科水平的提升。

科研项目评估则关注学校在科研投入、科研产出和科技成果转化等方面的情况。政府通过评估科研项目的实施情况，了解高校的科研能力和创新水平。学校通过参与这类评估，可以识别自身在科研投入和科研管理方面的不足，并通过改进科研管理机制、加强科研团队建设等措施，提升整体科研水平。

除了政府的监督与评估，学校还应建立内部的监督与评估机制，以确保教学和科研活动的高质量进行。通过内部评估，学校能够在日常运营中及时发现问题，进行自我纠正。建立定期的自我评估体系，可以帮助学校保持教学和科研的持续改进，推动整体教育水平的提升。

通过政府的监督与评估，学校不仅可以发现自身的不足，还可以借助外部的视角进行全面的自我审视，从而不断提升教学和科研水平，确保自身的教育质量与国家的发展目标相符合。

三、学校与社会的关系

（一）社会责任

高校肩负着培养高素质人才的重任，通过提供全面的教育，学校不仅致力于学生的学术发展，还强调个人成长和社会责任感的培养。在知识和技能传授的过程中，学校扮演着推动社会科学和文化进步的角色，其目标是帮助学生不仅成为具备专业知识的人，更能成为对社会有贡献的公民。

首先，学校在课程设计中融入了社会责任教育，将伦理学、社会科学和环境教育等内容纳入课程体系，确保学生在学习专业知识的同时，能够意识到自身对社会的责任。通过这些课程，学生可以学会将个人的职业发展与社会的整体利益相结合，培养负责任的职业道德观。

此外，学校还通过举办各种活动，如社区服务、志愿工作和社会实践等，积极培养学生的社会责任意识。这些活动为学生提供了与社会互动的机会，让他们深入了解社会需求，从而激发他们以积极的行动为社区作出贡献。例如，通过志愿服务活动，学生可以直接帮助有需要的人群，体验社会服务的意义，并增强服务社会的意识。

学校还鼓励学生参与社团组织能力和公益项目，以培养他们的领导力和团队协作精神。通过社团活动，学生不仅可以锻炼组织能力和领导能力，还能够在多样化的团队中学习沟通与合作。同时，学校还通过讲座、研讨会和学术活动等形式，帮助学生了解全球社会责任的最新发展，鼓励他们以全球化的视野思考问题。

通过这些举措，学校积极培养学生的社会责任意识，使他们能够在未来的职业和社会生活中以更积极的姿态为社会作出贡献。

（二）校企合作

在当前社会不断变化的背景下，企业对人才的需求日益多样化和复杂化。为了确保教育符合社会需求，学校与企业之间的合作显得尤为重要。校企合作不仅能够帮助学校更好地理解市场需求，还能推动学校相应调整教学计划，以培养符合行业发展所需的人才。

通过这种合作，学校可以借助企业的资源和经验，设计符合实际需求的课程和培训项目，使学生更深入地了解行业动态。例如，企业可以向学校提供最新的技术和市场信息，以帮助学校调整教学内容，确保学生学习到最前沿的知识。与此同时，学校可以组织学生前往企业实习或参加项目合作，使学生在实际工作环境中锻炼技能、积累经验。这些实践机会不仅让学生更好地掌握专业技能，还能使他们在毕业前就与行业建立联系，从而提高就业率。

企业在校企合作中也能获得显著的好处。通过与学校的合作，企业可以更直接地接触和吸纳经过培养的高素质人才，满足其自身的人才需求。企业还可以通过参与课程设置和教学活动，对人才培养施加影响，以确保学校培养的学生在毕业时具备符合企业实际需求的技能和素质。此外，企业还可以借助与学校的合作，参与研究项目和创新活动，推动自身技术和业务的发展。

总而言之，校企合作为学校和企业搭建了一座桥梁，使双方共同为社会培养符合市场需求的高素质人才。学校通过这种合作了解行业需求，调整教育策略，为学生提供更丰富的学习资源和实践机会。企业则通过这种合作获得优秀人才和技术支持，实现业务发展。通过这种双赢的合作模式，校企双方共同努力，为社会经济发展输送更适合市场需求的专业人才。

四、学校内部管理机制

(一) 管理制度

学校管理的成功依赖于科学合理的管理制度。制度的完善能够确保学校的各项工作井然有序地进行，实现教学和管理的目标。

教学制度应明确课程设计、教学方法和评估标准，以确保教学过程的有效性。首先，教学制度需要根据学科发展和社会需求制定科学的课程规划，保证课程设置合理并与时俱进。其次，教学制度还应对教学方法做出明确的指导，确保教学方式多样化，以适应不同学生的学习需求。最后，评估标准的制定则有助于学校有效监控教学质量，从而不断改进教学过程，确保学生在知识和技能上取得应有的进步。

财务制度是学校运营的基石，它确保资金的有效分配与透明度。财务制度需要对学校的预算编制、资金管理和支出监督等方面进行严格规范，确保各项财务活动符合规定。合理的财务制度有助于资金的高效使用，让教学和科研活动得到充足的支持。透明的财务管理则能够增加学校财务工作的公开性和公信力，让各项资金的流向和用途清晰可见。

人力资源制度则与学校的教职工管理息息相关，包括招聘、培训和职业发展等方面。有效的人力资源制度能够帮助学校吸引和留住优秀的人才。招聘政策应确保选拔到高素质的教职工，而培训制度则应帮助他们持续提升专业能力和教学水平。职业发展政策还需提供合理的晋升通道和职业规划，使教职工能够在学校内长期发展，并充分发挥他们的潜力。

通过制定并实施这些制度，学校可以构建一个科学合理的管理框架，确保各项工作有序推进，从而实现教学和管理的目标。

(二) 质量保障

质量保障机制是确保学校提供高质量教育的关键所在。通过严格的教学评估和科研评估，学校能够全面了解自身的教学和科研水平，并通过持续改进，不断提升教育质量和科研水平，以满足社会的需求和期望。

教学评估主要关注课程内容、教学方法和学生反馈。课程内容应根据学科发展和社会需求进行定期评估，以确保课程体系的科学性和前瞻性。学校需要不断更新课程内容，使其能够反映最新的学术进展和行业动态。教学方法的评估包括教师的教学风格、课堂互动、教学工具的使用等方面。通过对教学方法的评估，学校可以改进教学方式，确保学生在课程中获得最佳的学习体验。学生反馈是教学评估的重要参考，通过收集学生对课程和教学的意见，学校能够更好地了解教学的实际效果，并根据学生反馈改进教学。

　　科研评估则关注研究项目的成果、学术论文的发表和科研资金的利用等方面。科研评估的目的是确保学校的科研活动符合学术规范，并为社会带来实际价值。研究项目的成果评估可以帮助学校了解科研工作在技术创新和学术贡献方面的成效。学术论文的发表情况反映了学校在学术界的影响力，而科研资金的利用则是评估科研项目效率和经济效益的重要指标。

　　通过这些评估和质量保障机制，学校可以不断改进和提高教育质量。教学评估能够发现教学环节中的不足之处，科研评估则能揭示科研活动中的问题。学校可以根据评估结果调整教学和科研策略，改进管理流程，优化资源配置，最终确保学校的教育和研究水平与时俱进，满足社会对高等教育的期望。

第三节　政府在教育管理中的职责

　　高校教育是国家和社会发展的重要支柱，政府在其中扮演着关键角色。作为教育政策的制定者和执行者，政府通过制定相关法规、提供资金支持、制定质量标准等措施，确保高校教育能够满足国家的发展需求。政府的职责不仅体现在对教育资源的合理配置和监督，还包括引导高校的学科建设、人才培养和科研创新方向。通过有效的教育管理，政府可以帮助高校实现教育质量的提升，使其在培养高素质人才、推动科技进步和服务社会方面发挥更大的作用。因此，探讨政府在高校教育管理中的职责具有重要的现实意义。

一、政策制定与法规监督

(一) 教育政策制定

政府在高校教育管理中的首要职责是制定教育政策，为高校的运行提供明确的框架和指导。教育政策的制定，需要充分研究国家的发展需求、社会趋势以及全球高等教育的最新动向，从而确保政策能够紧跟时代的变化和需求。政府通过政策的引导，为高校制定清晰的发展方向，使其更好地服务于国家的整体发展战略。

这些政策涵盖了高校教育的方方面面，包括人才培养战略、学科发展方向、科研创新支持等多个领域。人才培养战略是教育政策的重要组成部分，政府通过政策引导高校设置符合国家战略需求的学科和专业，培养具有全球竞争力的人才。同时，政府制定学科发展方向的政策，明确优先发展的学科领域，引导高校优化资源配置，形成特色学科优势。通过这些政策，政府推动高校为国家重点行业和未来发展方向提供强有力的人才支持。

科研创新支持方面，政府出台政策鼓励高校在科技创新、基础研究和应用研究等方面加强科研投入。政府通过设立科研专项资金、资助科研项目、建立国家级实验室等方式，支持高校开展原创性和前瞻性研究，提升高校的科研水平和国际影响力。此外，政府还出台政策，鼓励高校与企业、科研机构和国际组织合作，促进科研成果的转化和推广，推动产业升级和社会进步。

通过发布指导性政策文件，政府为高校制定了清晰的发展目标，确保高等教育体系能够有效服务于国家的整体发展战略。这不仅有助于高校明确自身的发展方向，还可以确保高校在人才培养、学科建设和科研创新等方面与国家的战略需求保持一致，为国家的发展提供有力支持。

(二) 法律法规监督

在制定政策的同时，政府还负责监督高校遵循相关的教育法律法规，以确保高校合规运营。作为监管机构，政府通过建立完善的监管体系，对高校的教学、科研、招生、财务和校园安全等方面进行全面监督。

监管措施包括定期审查、专项检查和数据分析，以确保高校在运营中严格遵守法律法规，保持透明度。定期审查通常涵盖高校的课程设置、教师资质和科研成果，以确保教学和科研活动符合国家标准。专项检查针对特定问题或事件进行深入调查，例如招生不公、财务违规等问题，政府通过专项检查来确保高校在关键领域的合规性。数据分析方面，政府利用高校提交的教学、科研和财务数据，分析各所高校的运营状况，并通过数据对比发现潜在的问题，从而进行针对性的监督和指导。

法律法规监督对于维护高等教育的公平和公正至关重要。通过监管，政府能够确保高校在招生中公平对待每一位申请者，避免招生过程中的不正当行为。同时，政府监管也能确保高校在教职工管理方面遵循劳动法规，保障教职工的合法权益。此外，政府监督还关注学生的权益保护，确保高校在教学质量、学术诚信和校园安全方面提供保障，让学生在公平和安全的环境中学习和成长。

通过完善的监管体系，政府能够全面了解高校的运营情况，确保高校的各项活动符合国家的法律框架。这种监督机制不仅有助于高校提高内部管理水平，还能为高等教育的整体发展提供良好的制度保障。

二、资金支持与资源配置

（一）财政拨款

政府对高校的财政拨款是确保其顺利运作和发展的关键手段之一。通过直接的财政支持，政府能够保障高校日常教学、科研和运营所需的资金供应，为学校的发展奠定坚实的基础。拨款通常涵盖广泛的用途，包括教师薪酬、学术研究、实验设备维护和校园基础设施等方面。

首先，教师薪酬是财政拨款的一个重要用途。通过财政拨款，政府确保高校能够支付教师的合理薪酬，并为教师提供完善的福利保障。合理的薪酬体系不仅能够激励教师更好地投入教学和科研，还能帮助高校吸引和留住优秀人才，为学校的长远发展提供有力的支持。

学术研究也是学校财政拨款的一个重点领域。政府拨款支持高校的学术研究活动，为教师和学生提供开展研究的必要资源。拨款用于科研项目的立项、实验室设备的购买、研究团队的组建和国际合作项目的开展等。通过财政支持，政府鼓励高校开展创新性和高水平的研究，为国家的科技进步和社会发展提供智力支持。

实验设备维护和校园基础设施的改善也是学校财政拨款的重要用途。高校需要现代化的教学设备和实验设施，以满足教学和科研的需求。政府拨款用于更新陈旧的设备、维护实验室和教学设施，确保学生和教师拥有高质量的学习和研究环境。此外，拨款还用于校园基础设施的建设和维护，如图书馆、宿舍和体育设施等，为学生提供一个舒适和安全的学习生活环境。

通过财政拨款的方式，政府确保高校有足够的资金保持正常运转，并为教师和学生提供高质量的教学和研究条件。财政拨款还能促进高校之间的公平竞争，弥补资金实力不同高校之间的差距，确保教育资源的均衡分配。通过合理的财政支持，政府帮助高校不断提升教育质量，实现健康稳定的发展。

（二）资源配置

政府不仅通过财政拨款提供支持，还通过合理分配资源来支持高校的发展。资源配置包括对科研项目的资金支持、为学生提供奖学金和助学金，以及支持校园基础设施的建设与维护。

对于科研项目，政府通过设立专项资金，为具备潜在经济和社会效益的研究项目提供资助。这类项目通常涵盖科技前沿领域，如人工智能、可再生能源、生物技术和新材料等。政府的资金支持让高校能够集中资源开展具有前瞻性的研究，提高高校的科研实力和国际竞争力。通过这样的支持，政府不仅鼓励高校在基础研究和应用研究中取得创新性成果，还希望推动科技创新，助力国家的经济和科技发展。

为学生提供奖学金和助学金也是资源配置的一个重要方面。奖学金和助学金旨在减轻学生的经济负担，确保每一位有志于接受高等教育的学生都能无障碍地完成学业。奖学金通常颁发给在学术上表现优秀的学生，以表彰他们的努力和成就。助学金则主要用于帮助家庭经济困难的学生，确保他们能够专注于学业，无须因经济压力而放弃学习。通过提供奖学金和助学金，政府为学生创造了公平的教育机会，保障教育公平。

基础设施建设的投入也是政府支持高校发展的关键措施之一。高校需要现代化的实验室、图书馆和体育设施等基础设施来为学生提供优质的学习和生活环境。政府通过拨款用于校园基础设施的建设和维护，让高校能够不断改善硬件条件。先进的实验室设备使学生能够在实际操作中学习专业技能，丰富的图书馆资源为学生提供了全面的学习资料，完善的体育设施帮助学生保持健康的体魄。通过提升高校的硬件水平，政府确保学生在校期间能够获得全方位的学习和生活体验。

三、质量保障与评估

（一）教学质量保障

政府通过设立教学标准，确保高校能够提供优质教育。这些标准涵盖了课程设计、教学方法、师资素质和教学资源等方面，为高校建立科学合理的教学体系提供了指导。政府不仅为高校制定整体目标，还通过具体的标准细化了各方面的要求。

在课程设计方面，政府要求高校的课程设置符合国家发展需求和社会趋势，以确保学生所学知识和技能适应未来的工作环境。课程设计标准包括必修课和选修课的比例、课程内容的先进性和适用性，以及课程间的关联性。政府指导高校不断更新课程内容，确保教学内容与时俱进，满足社会的需求。

教学方法方面，政府鼓励高校采用多样化的教学方法，以适应不同学生的学习需求。教学标准要求高校根据课程内容的不同，采用适宜的教学方式，如案例教学、实验教学和项目式教学等。政府还提倡利用现代科技手段，推广在线教育和混合式教学，为学生提供更多灵活的学习方式。

师资素质是确保教学质量的关键。政府通过设立教师资质标准，确保高校聘用具备专业能力和教学经验的教师。标准涵盖了教师的学历、教学经验和科研能力等方面。政府还要求高校为教师提供持续的职业发展支持，确保他们不断提升教学和科研水平。

教学资源方面，政府要求高校为学生提供丰富的学习资源，包括现代化的教学设施、实验设备和图书馆资源等。教学资源的标准涵盖了实验室的配备、教学设施的先进性和图书馆的资源种类等。政府鼓励高校通过投入先进的教学资源，为学生提供高质量的学习体验。

为了确保这些教学标准得到落实，政府通过制定教学质量评估指标，对高校的教学水平进行监控和评估。评估指标通常包括课程设计、教学方法、教师素质和教学资源等方面。通过评估教学质量，政府可以识别出教育体系中的问题，推动高校改进教学方法，提高教育质量，从而确保学生获得高水平的教育。

（二）学术评估

政府对高校的学术水平进行定期评估，以确保研究与教学的水平达到国家标准。学术评估的范围非常广泛，包括学科建设、科研成果、学术影响力和创新能力等方面。通过设定评估标准和指标，政府能够全面了解高校的学术实力，并确定其在全国高校中的地位。

学科建设是学术评估的重要组成部分。政府通过评估高校的学科建设水平，了解其在教学和科研方面的优势和不足。评估内容包括学科的专业设置、课程体系、教学设施和教师队伍等。通过对学科建设的评估，政府能够发现高校在学科发展中存在的问题，并为高校提供建设性的建议，帮助其优化学科结构，提升学科发展水平。

科研成果是评估高校学术水平的重要指标。政府评估高校的科研成果包括论文发表、专利申请、科研项目数量和质量等方面。通过评估科研成果，政府能够了解高校的研究能力和创新水平，并据此指导高校进一步加强科研实力，推动科技进步。

学术影响力是衡量高校在学术界地位的重要指标。政府通过评估高校在国际国内学术界的影响力，如论文引用、学术会议参与和研究合作项目等，了解高校在相关领域的学术地位。通过学术影响力的评估，政府可以确定高校的学术优势领域，并鼓励高校进一步加强在这些领域的研究，扩大其国际影响力。

创新能力是评估高校未来发展潜力的重要指标。政府通过评估高校在科研项目创新、技术转化和产业合作等方面的能力，判断高校在推动科技创新和产业升级中的作用。评估内容包括高校的创新项目数量、技术专利申请和科技成果转化等。通过评估创新能力，政府可以为高校提供针对性的支持，鼓励其加强与企业和科研机构的合作，提升创新水平。

学术评估不仅有助于提升高校的科研水平，还能鼓励各高校根据国家发展战略重点，开展有针对性的科研活动，从而为国家和社会的发展提供有力支持。通过科学的评估体系，政府能够引导高校的学术发展方向，确保高校在教学和科研中保持高水平的学术能力和创新力。

四、教师和学生权益保障

（一）教师权益保障

在高校教育管理中，保障教师权益至关重要。政府致力于维护高校教职工的合法权益，确保他们在工作中获得公平的待遇。

制定教师薪酬标准是政府保障教师权益的首要举措之一。通过设定合理的薪酬标准，政府确保教师的工资能够反映他们的资历、工作经验和教学水平。合理的薪酬体系不仅能够满足教师的基本生活需求，还能激励他们在教学和科研领域不断进步。高水平的薪酬会吸引优秀人才加入高校教学队伍，为学校提供优质的教育资源，进而提升整体教学质量。

建立职业安全保障体系是政府保障教师权益的另一个重要措施。通过完善的劳动法规和保障制度，政府确保高校教师在职场上拥有安全的工作环境。职业安全保障体系涵盖了工伤保险、健康保障和职业风险预防等方面。通过这一体系，教师能够在工作中感受到政府和学校的支持，并专注于教学和科研。

提供完善的职业发展支持也是政府保障教师权益的重要部分。政府为教师提供职业发展支持，确保他们能够持续提升专业水平，满足不断变化的教育需求。这些支持措施包括职业培训、晋升机会和学术交流。通过职业培训，教师可以学习到最新的教学理念和方法，并将其应用于课堂中。晋升机会确保教师在职业发展中有明确的目标和路径，激励他们不断提高自身能力。学术交流为教师提供了与国内外同行交流合作的机会，有助于他们了解学术领域的最新动态和发展趋势。

通过这些措施，政府能够确保高校教师在职业生涯中得到公平合理的待遇和发展机会。保障教师权益不仅有助于吸引和留住优秀的教师人才，还能激励他们在教学和科研领域不断进步，从而为高校教育质量的提升作出贡献。

（二）学生权益保障

学生作为高校教育的核心对象，其权益保障是政府关注的重点。政府监督高校维护学生的权益，确保学生在校园中得到公平对待和享有良好的学习环境。政府制定相关政策，规定高校在招生、教学、生活、奖学金和助学金发放等方面要遵循公平、公正、公开的原则。

1. 政策制定和执行

政府在制定相关政策时，涉及了广泛的领域以确保涵盖学生在高校期间的各个方面。例如，在招生政策中，政府强调了性别、种族、地区等因素的平等考虑，禁止任何形式的歧视。在教学方面，政府推动高校实施多样化的教学方法和课程设计，以适应不同学生的学习需求和能力。同时，为了改善学生生活，政府规定高校必须提供合理的住宿条件和营养均衡的餐饮服务。

2. 监督机制的建立

为了有效执行这些政策，政府设立了监督机制，包括定期的审查和突击检查。这些监督措施帮助确保高校在执行政府政策方面的透明度和责任性。政府还鼓励学生通过正式的渠道提出投诉和建议，如学校的申诉委员会，确保学生声音能够被听取并作出相应的改进。

3. 促进学生全面发展

通过维护学生权益，政府不仅确保学生能在安全和支持的环境中学习，还努力促进其全面发展。政府和高校一起推动各类课外活动和社会实践项目，增强学生的实践能力和社会责任感。例如，高校通过与企业和社会组织合作，提供实习和志愿服务机会，使学生能够在真实的工作环境中学习和成长。

五、国际化与合作

（一）国际交流合作

政府在高校教育管理中致力于制定促进国际合作的政策，以增强高校的全球竞争力。通过推动高校与世界各国的知名院校和科研机构开展交流合作，政府旨在为国内高校提供更广阔的学术视野和合作机会。国际交流合作涵盖师生交换、联合研究项目、国际会议和研讨会等。政府鼓励高校积极参与国际教育合作项目，帮助学生了解全球教育趋势和科研动态，从而培养出具有国际视野的高素质人才。

1. 国际合作的政策推动

政府针对国际合作推出了一系列具体政策，包括资助计划、签订国际合作协议，以及建立国际合作平台。这些政策不仅为高校提供资金支持，还通过建立合作框架简化了合作流程，使得国内外院校能够更容易地共享资源和信息。此外，政府还通过与外国教育机构和政府部门的合作，为高校开展国际项目创造有利条件。

2. 实施师生交流计划

师生交换项目是国际交流的重要部分，政府通过这些项目促进师生的国际流动。学生有机会赴海外知名大学学习或进行短期交流，而教师则有可能参与国际合作研究或访问学者计划。这些经历不仅能增广学生的见识，也提升了教师的教学和研究水平，为国内高校带来国际化的教学方法和研究视角。

3. 联合研究与国际会议

政府特别重视联合研究项目，因为这些项目能够集合国内外研究力量解决全球性问题。通过政府资助，高校能够与国际伙伴共同申请研究基金，开展创新研究。同时，高校也被鼓励主办或参与国际学术会议，这不仅是展示研究成果的平台，也是学习先进科技和理念的机会。

（二）引进国外资源

政府鼓励高校引进国际优秀教育资源，以提升本地高校的教育质量。这包括引入国外先进的教学理念、课程体系和教育方法，以改进国内的教学内容和方式。政府还通过与国外教育机构合作，引进顶尖的教育人才和学者，为国内高校的教学和科研注入新的活力。此外，政府支持高校购买国际上领先的学术资料和研究设备，确保国内的学术研究能够与国际接轨。通过引进国外优秀教育资源，政府帮助本地高校在学术水平和教学质量上持续提升，增强其国际竞争力。

1. 教学理念与课程体系的革新

政府通过促进国际合作和交流，引入了多元化的教学理念，如项目式学习、协作学习和反转课堂等，这些方法已被许多国际顶尖大学采用并证明了其有效性。此外，引进的课程体系旨在增加课程的实用性和互动性，使学生能够更好地适应未来职场的需求。

2. 引进国际人才

政府不仅支持国内高校与国外院校建立合作伙伴关系，还促进了海外教育人才的引入。这些国际学者和教育专家不仅带来了先进的教育技术和研究方法，还带来了新的教学理念，从而提升了教学质量和科研水平。他们的加入为国内学术研究带来新的视角，推动了学术界的国际合作和交流。

3. 提升研究设施与资源

为了保证国内高校的研究水平能与国际接轨，政府投资购买了先进的研究设备和国际领先的学术资料。这些设施和资源的引入不仅提升了研究质量，也使国内高校能够在全球科研竞赛中占有一席之地。此外，学生和教师可以通过这些设施获取最新的科研信息和技术，增强其研究和学习的深度与广度。

六、战略规划与发展引导

（一）长期战略规划

政府在高校教育管理中制定长远的发展战略，为高校的发展方向提供引导。通过对国家经济、科技和社会发展趋势的分析，政府制定了高等教育的长期战略目标，确定了高校的总体发展方向。这些战略规划通常涵盖人才培养、学科建设、科研创新和国际合作等方面。政府通过制定战略规划，为高校的未来发展提供清晰的指引，确保高校教育能够持续适应国家和社会的需求。

1. 确定战略规划的核心要素

（1）人才培养。

政府特别强调在人才培养方面的战略，确保教育体系与市场需求相匹配。这包括更新教育课程，增强实践和实习机会，以及提供跨学科学习项目，以培养学生的创新能力和批判性思维。此外，政府也鼓励高校发展终身学习和继续教育项目，以适应职业生涯中持续变化的需求。

（2）学科建设。

在学科建设方面，政府指导高校优化学科结构，特别是增强 STEM（科学、技术、工程和数学）领域的教育力量，同时也不忽视文科的深化和创新。此举旨在平衡和拓展学术研究的广度与深度，满足国家发展的多元需求。

（3）科研创新。

政府鼓励高校加强与企业和研究机构的合作，推动科研项目与实际应用的紧密结合。此外，政府也设立资金支持高校进行基础科学研究和前沿技术开发，以促进科技创新和技术转移。

（4）国际合作。

在国际合作方面，政府制定的战略不仅包括提升学术交流水平，也强调文化交流和国际网络的构建。通过建立更多的国际合作项目和双边协议，政府支持高校在全球教育领域占据一席之地。

2. 长期战略的实施和监督

为了确保这些战略规划得以有效实施，政府设立了专门的监督机构和评估系统。这些机构负责监控高校在各个战略目标上的进展情况，并提供必要的指导和资源。政府也定期发布高校教育发展的白皮书，总结成效和未来的发展方向。

通过这些综合性的战略规划，政府确保高校教育不仅能满足当前的教育需求，也能预见并适应未来的挑战。这些政策和措施的实施，将促进高校在国际舞台上的竞争力，同时为国家的社会和经济发展作出重要贡献。

（二）创新引导

政府在高校教育管理中积极支持创新教育模式和科研项目，以推动高校的持续发展。通过提供政策支持和资金资助，政府鼓励高校探索新型教学方法和创新教育理念，如在线教育、混合式学习和跨学科课程等。在科研项目方面，政府注重支持具有创新性和前瞻性的研究，以推动科学技术的进步。同时，政府鼓励高校开展校企合作和产学研一体化项目，将创新研究成果转化为实际应用。通过创新引导，政府帮助高校不断提升教学和科研水平，与时俱进，适应未来的发展需求。

1. 推广创新教学模式

（1）在线教育和混合式学习。

政府大力支持高校在在线教育和混合式学习模式方面的开发和实施。这包括提供资金支持高校建立和升级数字教学平台，开发远程教学资源和工具。此外，政府还推动开发专业培训课程，帮助教师掌握在线教学技能和方法，确保教学质量在转型过程中得以维持。

（2）跨学科课程的开发。

为了培养学生的综合能力和创新思维，政府鼓励高校开发和实施跨学科课程。这些课程设计旨在打破传统学科界限，整合不同领域的知识和技能，如将工程学与人文学科相结合，促进创新和批判性思维的发展。

2. 加强科研项目的支持

（1）支持前沿科研。

政府通过提供研究资金和设施支持，鼓励高校开展有前瞻性和创新性的科研项目。这包括资助基础科学研究、应用研究和高技术开发等，特别是在人工智能、生物技术、可持续能源和其他战略性科技领域。

（2）校企合作与产学研一体化。

政府特别强调校企合作的重要性，支持高校与行业合作伙伴共同开发研究项目，将学术研究成果转化为实际应用。这些合作项目不仅为学生提供了实践机会，还帮助高校的研究成果更快地应用于产业发展，推动经济增长。

第四节　家庭是教育管理的直接受益人

在高校教育管理中，家庭作为学生的直接利益相关者，是教育管理的直接受益人。家庭对教育质量和学校管理的期望很高，因为高校教育对学生的未来发展至关重要。优质的高等教育不仅可以提升学生的学术水平和职业前景，还能够培养他们的综合素质，使他们成为有责任心的公民。通过教学管理、学科建设和科研创新，学校不断优化教育体系，确保学生能够获得全面的学习与成长机会，这也间接惠及家庭。无论是通过奖学金和助学金减轻家庭的经济负担，还是通过完善的学生管理和就业服务帮助学生实现职业目标，学校的教育管理举措都在直接影响着家庭的利益。因此，探讨高校教育管理对家庭的影响与受益，具有重要意义。

一、教育质量对家庭的影响

（一）学生综合素质提升

高质量的高校教育对学生的综合素质提升起着至关重要的作用。通过优质的教育，学生可以获得更扎实的知识、实用的技能和正确的价值观。这种综合素质的提升，不仅帮助学生在学业上取得优异成绩，也培养了他们解决问题、沟通合作和批判性思维等方面的能力。这种提升直接影响家庭的未来发展，因为学生作为家庭的一部分，他们的成长和成功会带来积极的影响，并为家庭注入新的希望和动力。

1. 知识与技能的增长

高等教育机构通过提供深度和广度兼备的课程来确保学生能够获取必要的学术和实践知识。这些课程设计不仅注重理论的深入探讨，还强调实际应用的能力培养，如实验室工作、实习机会以及与行业专家的合作项目。通过这种方式，学生能够在校园内外获得真实世界的经验，从而更好地理解和应用他们的知识。

2. 价值观与个人发展

高校还重视学生价值观的培养和个人发展，这包括诚信、责任感以及全球公民意识等。教育机构通过开设伦理学、社会学和环境科学等课程，以及鼓励学生参与社区服务和国际交流项目，来增强学生的社会责任感和文化敏感性。这样的教育不仅塑造了学生的职业态度，也形成了他们作为社会成员的基本立场。

3. 批判性思维与创新能力

通过案例研究、辩论和研讨会等教学方法，高校教育强调批判性思维的培养。学生被鼓励质疑现有的知识和观点，寻求新的解决方案。同时，创新项目和创业支持计划激励学生将他们的创新想法转化为实际项目或产品，这不仅提升了他们的解决问题的能力，也增强了他们的市场竞争力。

4. 家庭与社会的积极影响

学生的个人发展和成功直接影响到他们的家庭。当学生在高校中获得优质教育并实现个人成就时，他们不仅提升了自己的生活质量，也为家庭带来了荣誉感和自豪感。此外，他们在高校中形成的健康的社会关系和专业网络，将进一步为他们自己及其家庭的社会经济地位带来提升。

（二）职业前景

优质的高校教育显著提高了学生的就业机会和职业发展潜力。通过接受高质量的教育，学生掌握了在职场上脱颖而出的专业知识和技能。在高校里，学生可以通过实习、就业指导和校企合作等项目，获得接触行业的机会，为未来的职业生涯做好准备。

更好的职业前景和就业机会意味着学生在毕业后能够快速进入工作岗位，为家庭提供稳定的经济支持，并有能力实现家庭的长期目标。因此，家庭在很大程度上受益于高质量的高校教育。

1. 提升专业知识和技能

在高等教育中，学生通过先进的课程内容和现代化的教学方法，如案例分析、实验室实践和专业研讨等，获得了必需的专业知识和技能。这些课程设计旨在直接对接行业需求，从而增强学生的就业竞争力。

2. 实习和就业指导

高校通常设有职业发展中心，提供就业指导服务，包括简历写作、面试技巧训练以及职业规划等。此外，通过实习项目，学生可以在真实的工作环境中应用他们的知识，积累宝贵的工作经验。这些实习经历通常由学校与企业共同设计，确保实习内容的相关性和实用性。

3. 校企合作

通过与行业领军企业的合作，高校能够直接将学生与潜在的雇主联系起来。这些合作不仅提供了实习机会，还可能直接转化为就业机会。企业在这种合作中通常参与课程设计，确保教育内容与行业发展同步，从而使学生的技能与市场需求保持一致。

4. 家庭与经济稳定

当学生通过高质量的教育获得良好的就业机会时，他们能够为家庭提供更稳定的经济支持。稳定的职业不仅带来经济上的安全感，也使得家庭能够规划好未来，如购买住房、教育投资和养老储蓄等。此外，家庭成员看到学生的成功，会更加重视教育的力量，从而在家庭中形成积极的教育文化。

综上所述，高质量的高校教育在增强学生的就业前景和职业发展潜力方面发挥了关键作用，这不仅改善了学生个人的职业轨迹，也对家庭的经济状况和长期目标实现产生了积极影响。通过这种教育的投资，可以确保学生和他们的家庭都能在未来获得更大的成功和稳定。

二、教育资源分配与公平

（一）公平入学机会

合理的教育管理政策旨在确保每个学生都拥有平等的入学机会，这对于社会公平和家庭利益至关重要。通过完善的招生政策和严格的入学标准，政府与高校确保学生不因性别、种族、经济背景或地理位置受到歧视，从而为所有家庭提供公平获取教育资源的机会。公平的入学机会让更多的学生能够接受高等教育，获取更好的发展平台和未来，为不同背景的家庭带来实实在在的利益。

（二）奖学金与资助

奖学金和资助政策是高校教育管理中的重要举措，旨在帮助经济困难的家庭，确保学生能够接受高等教育。通过各种形式的奖学金和助学金，政府和高校为优秀学生提供学费减免和生活费用补贴。这一政策确保家庭的经济状况不会成为学生求学的障碍，使有才华的学生能够无后顾之忧地享受高等教育。资助政策不仅惠及家庭，还帮助学生获得更好的教育和发展机会，进而为家庭的长期发展提供保障。

三、家庭与学校的互动

（一）家庭参与教育

教育管理政策重视家庭对学生教育的积极作用，鼓励家长参与学校活动和学生的成长过程。高校在制定教育政策时，往往会考虑家庭的意见，并通过家长委员会、家长开放日、讲座等方式邀请家长参与到学校的教育活动中。这种互动不仅帮助家长更深入地了解学校的教育理念和教学目标，还让家长对学生的学习环境和表现有更清晰的认识。家庭与学校的紧密联系有助于家长更好地支持孩子的学业和发展，为学生的教育创造一个积极的家庭氛围。

（二）信息沟通

有效的信息沟通是家庭与学校互动的关键。高校通过家长会、学生表现报告、在线平台和电子邮件等多种形式，与家庭保持密切联系，及时向家长通报学生的学业进展、出勤情况和行为表现。这种沟通让家长能够及时了解孩子的成长动态，并与学校的教师和管理人员保持顺畅的沟通渠道。在家长和学校的共同努力下，学生能够获得更全面的支持和指导，有助于他们克服学业和生活中的挑战。

四、社会发展对家庭的反馈

（一）社会责任感培养

高校教育管理注重培养学生的社会责任感，确保他们在知识学习和技能掌握的同时，意识到对社会和家庭的责任。课程和校园活动通常融入社会责任的主题，引导学生关注社会问题，并鼓励他们积极参与公益活动。学生在这种教育管理下，逐渐成为对家庭和社会有贡献的人。他们学会将所学知识与社会需求相结合，并以更大的热情投身于家庭和社区的发展中。

1. 社会责任感的培养

（1）课程设计。

高校通过课程设置，将社会责任的概念融入学术学习中。这包括开设相关的社会科学课程，如社会工作、环境科学、公共政策等，让学生从理论上理解社会责任的重要性。此外，许多课程采用案例研究方法，分析如何通过专业知识解决实际社会问题，强化学生的应用能力和责任感。

（2）校园活动。

高校鼓励学生参与各种校园活动，如志愿服务、社区参与项目和可持续发展倡议。这些活动不仅提供了学生服务社会的实践机会，还帮助他们建立起对社会作出贡献的自觉性。通过这些实践活动，学生能够更直观地看到自己的行动对社区有何影响，并激发他们的参与热情。

2. 学生与家庭的责任

（1）家庭教育的延伸。

高校教育的一个重要方面是教育学生如何在家庭中扮演积极角色，支持家庭成员并传递社会责任的价值观。许多学校通过组织家庭日活动和家庭参与项目，增强学生与家庭的联系，同时教育他们如何将所学应用于家庭环境，促进家庭内部的理解和支持。

(2) 社会贡献。

培养学生的社会责任感也包括激励他们为社区和社会发展作出贡献。学生被鼓励参与当地的非营利组织、社会企业和公共项目，通过这些活动，他们能够将专业知识与实际问题相结合，解决社会问题，同时建立起对公共事务的关心和责任感。

高校教育管理通过融合社会责任感的培养进课程和活动中，不仅提升了学生的知识和技能，还强化了他们的社会责任和家庭责任感。这种教育方式培养出的学生不仅在学业上表现优异，还能在毕业后成为社会的积极参与者和贡献者。他们的成功不仅是个人的成就，更是对家庭和社会的有力回馈。

(二) 社区服务和就业

高校通过组织学生参与社区服务和提供就业指导，使学生能够直接回馈社区，为家庭和社会的发展作出积极贡献。社区服务项目让学生将所学知识付诸实践，并了解社会的真实需求。就业指导和校企合作项目则帮助学生在毕业前掌握市场所需的技能，为他们顺利进入职场做好准备。学生通过工作为家庭提供经济支持，提升家庭的生活水平，同时以自身的专业技能和社会责任感，为社会发展贡献力量。

1. 对社区服务的影响

(1) 实践应用。

社区服务项目通常设计得较为多样化，涵盖环境保护、教育辅导、老年人关怀等多个方面，使学生能够将课堂上学到的理论知识应用于实际情境中。通过这种实际参与，学生不仅可以加深对专业知识的理解，还可以培养解决复杂问题的能力。

(2) 社会意识。

参与社区服务的学生更容易发展出强烈的社会责任感和公民意识。这些经验帮助他们理解和关注社区的需求，增强他们对社会公正和公共利益的承诺。此外，这种活动还促进了学生与社区成员之间的互动，加深了他们对社会多样性和复杂性的认识。

2. 就业指导与校企合作

(1) 技能掌握。

通过就业指导服务，学生可以获得职业规划的支持，了解行业趋势，以及接受简历写作和面试技巧的训练。这些指导帮助学生了解如何展示自己的能力和专业知识，从而增加他们获得理想工作的机会。

（2）校企合作。

校企合作项目为学生提供了与行业领先公司的直接接触机会，通常包括实习、项目合作以及就业后继教育计划。这些项目不仅提供了实践经验，还使学生能够直接从业界专家那里学习，理解行业要求，并在学习期间就开始建立职业网络。

3. 对家庭和社会的贡献

（1）经济支持。

毕业后，学生凭借在高校期间获得的专业知识和技能，通常能快速找到工作，从而开始为家庭提供经济支持。这种经济独立不仅提升了家庭的生活水平，也给家庭成员带来了安全感和满足感。

（2）社会发展。

通过专业技能和社会责任感，学生们能在更广泛的社会领域内发挥影响力。无论是通过自己的工作还是通过公共服务，他们都能为推动社会进步和公共福利作出贡献。这不仅体现了个人价值，也促进了社会的整体发展。

五、教育管理的长远影响

（一）家庭教育理念

高校教育管理通过影响家庭对教育的认知与重视，促进了良好教育理念的传承。高校所倡导的教育理念和价值观会通过学生的成长过程反映到家庭中，使家长更加重视教育的重要性。家长在看到高校对学生综合素质的培养和社会责任感的教育后，会更加注重孩子的全面发展。这种影响使得家长在教育孩子时更加重视品质培养和全面发展，进而形成良好的家庭教育理念，为下一代的成长提供良好的环境。

（二）教育投资回报

优化的教育管理显著提升了学生的成就和能力，为家庭带来长期收益。通过科学的教育管理，学生在高校期间能够获得专业的知识和技能，提升自身竞争力，并在毕业后具备良好的就业前景。高校还通过提供职业指导、实习机会和校企合作项目，帮助学生尽早融入职场，获得可观的收入。学生取得的成就和能力不仅让他们能够实现自我价值，同时也为家庭提供经济支持，提高家庭的生活水平，实现教育投资的回报。

第五节 教育管理中的教师和学生

在高校教育管理的广阔领域中，教师和学生的互动、发展及其相互关系是核心组成部分。这种关系不仅塑造了学术环境的质量，而且直接影响到教学成果和学生的整体发展。高校教育管理的有效性，在很大程度上依赖于如何优化教师的教学方法和提升学生的学习体验。在这一过程中，教师不仅是知识的传递者，更是引导者和激励者，他们的角色日益多样化，需要不断适应教育技术的革新和学生需求的变化。

同时，学生作为教育过程的中心，他们的主动性、参与度以及对教育资源的利用效率，直接决定了教育的质量和效果。因此，教育管理中不仅要关注教师的专业成长和教学质量，还需重视学生的全面发展，包括学术能力、心理健康和社会技能等方面。

一、教师在教育管理中的角色

（一）课程开发与教学设计

教师在高校的课程开发与教学设计中扮演着关键角色，他们负责确保课程内容与教学方法的有效性。教师通过对学科前沿知识和教学方法的不断学习和研究，设计出符合教学目标和学生需求的课程。课程开发中，教师需要综合考虑学科要求、学生的学习能力以及行业需求，将理论与实践相结合，确保教学内容与现实世界相适应。通过科学的教学设计，教师能够使课程内容更加生动，教学方法更加多样化，提高学生的学习效果。

（二）科研与创新

教师通过科研活动为高校贡献创新知识，推动学术发展。在高校教育管理中，教师不仅肩负着教学任务，还在科研领域发挥着重要作用。通过科研项目，教师不断探索新知识和新技术，并将这些研究成果应用于教学和社会实践。教师积极参与学术交流，与其他高校和科研机构合作，不断拓展研究领域，推动科学和技术的进步。通过科研活动，教师不仅为学术界提供创新的理论和实践，也为学生提供学习先进知识的机会，培养他们的科研兴趣和创新能力。

（三）学生指导与辅导

教师在学术指导与个人发展方面支持学生，确保学生的全面成长。在学术指导方面，教师帮助学生制订学习计划，解答疑难问题，并在学术论文和研究项目中给予建议和指导。教师通过课外辅导、学术咨询和研究讨论会等方式，帮助学生深化理解课程内容，培养他们的批判性思维和解决问题的能力。在个人发展方面，教师通过职业规划、心理辅导和社团活动等渠道，为学生提供建议，帮助他们应对生活和学业中的挑战，确保他们在高校期间获得全面成长。

二、学生在教育管理中的角色

（一）学习参与度

作为高校教育的主体，学生在学习过程中积极参与课程学习和教学互动，以提高学习效果。学生在课堂上通过与教师和同学的互动、参与课堂讨论和团队项目，深化对课程内容的理解。学生的积极参与有助于他们掌握知识和技能，同时也为教师提供了实时的教学反馈，帮助教师优化教学方法。此外，学生可以通过参加各类研讨会、学术讲座和实习项目，进一步拓展学习视野，增强对实际问题的洞察力。

（二）反馈与建议

学生通过反馈机制向学校管理层提供建议，帮助改进教学质量和校园管理。学校通过设立学生意见箱、开展问卷调查和组织学生代表会议等方式，收集学生对课程设置、教学方法和校园服务等方面的意见。学生作为课程和服务的直接体验者，能够从自身的学习和生活体验出发，为学校提供有价值的反馈。学校根据学生的建议，能够更好地了解学生需求，从而在课程开发、教学设计和校园管理等方面做出改进，提高整体教育质量。

（三）课外活动与社会参与

学生通过参加课外活动和社会项目，丰富学习经验，增进综合素质。校园里的各类社团、体育队和文艺团体为学生提供了展示才华和培养兴趣的平台。学生通过这些活动，锻炼领导力、团队协作和组织能力，为日后的职业发展打下基础。学校还鼓励学生参与志愿服务、社会实践和社区服务等活动，以培养他们的社会责任感和公民意识。通过课外活动和社会参与，学生能够从不同角度丰富自己的学习经验，实现全面发展。

三、教师与学生的互动

（一）课堂互动

教师与学生在课堂上通过教学活动保持互动，增进知识理解与学习效果。教师通过提问、讨论、案例分析和小组活动等多种教学方法，鼓励学生积极参与课堂。在课堂互动中，学生可以提出问题，分享见解，教师可以及时解答疑惑，调整教学进度和方式，以满足学生的学习需求。通过这种积极的互动，教师能够了解学生的学习进度和理解情况，及时调整教学策略，确保每位学生都能掌握课程内容。

（二）师生关系发展

良好的师生关系有助于优化教学环境，促进学生的学习与成长。积极的师生关系建立在互信、尊重和支持的基础上。教师通过关心学生的学业和个人发展，建立信任和理解，为学生提供指导和帮助。学生在这种环境中感受到被重视和支持，能够更积极地参与学习并寻求教师的建议和指导。良好的师生关系不仅提高了学生的学习动力，也有助于他们在学业和生活中获得成长和成功。

（三）研究合作

教师与学生共同参与研究项目，推动学术创新与合作。教师通过指导学生的科研项目，帮助他们选择研究方向、制定研究计划和进行数据分析。学生通过参与研究项目，能够学会如何进行学术研究和解决实际问题。教师在研究过程中为学生提供理论指导和技术支持，并鼓励他们发表研究成果。通过这种合作，学生能够在实践中应用所学知识，提高研究能力，为未来的学术和职业发展打下坚实基础。

四、教师与学生的权益保障

（一）教师权益保障

教育管理致力于保障教师的职业权益，为他们提供公平的职业发展环境。高校制定明确的教师权益保障政策，包括合理的薪酬制度、完善的社会保障和职业发展支持。通过设立教师评价和晋升机制，学校确保教师能够公平地获得晋升机会和职业发展机会。学校还应提供专业培训和学术交流的机会，帮助教师不断提升教学和科研能力。保障教师权益不仅能够提高教师的工作积极性，还能确保他们在教学和科研中发挥最佳水平，促进教育质量的提升。

（二）学生权益保障

确保学生在高校中受到公平对待，并获得优质的教育资源和支持是教育管理的重要职责。高校通过制定学生权益保障政策，确保学生在入学、学业、奖助学金、就业指导等方面享有平等的机会。学校为学生提供心理健康、职业规划、学术咨询等服务，帮助他们解决在学业和生活中遇到的问题。公平的教育环境使每个学生都能充分发挥潜力，从而获得更好的发展。通过学生权益保障，高校能够为学生提供一个公平、安全和支持的学习环境，确保他们在学业和个人发展上取得成功。

五、教师与学生的共同发展

（一）专业发展

教师和学生通过学习和研究，不断提升专业技能和知识水平。教师在高校中扮演着指导者和研究者的双重角色，通过持续学习和科研实践，保持自身专业能力的更新和提升。在教学中，教师为学生提供最新的学科知识和行业动态，为他们指引专业发展的方向。学生通过课程学习、科研项目和实习机会，积累专业知识和实践经验。教师与学生共同参与学术交流和研究项目，通过学术合作和知识共享，提升各自的专业技能，为实现共同发展奠定基础。

（二）教育创新

教师和学生共同推动教育创新，丰富教学方式和学习内容，以适应社会发展需求。教师通过研究和试验新的教学方法，如混合式教学、案例教学和项目式教学等，增强教学的实用性和互动性。学生作为学习的主体，在课堂上积极参与教学活动，通过反馈和讨论，为教学方法的改进提供建议。教师根据学生的需求和反馈，调整课程设计和教学内容，使其更贴近实际应用。通过共同探索新的教学模式和学习方式，教师和学生一起推动教育创新，提升教育质量，培养适应社会发展需求的人才。

第四章 教育质量评估研究

第一节 教育质量评估概述

高等教育在社会发展中起着至关重要的作用。高质量的教育可以推动经济、自然环境和文化的全面发展；而低质量的教育不仅对社会进步毫无助益，还会浪费大量的人力、物力和财力。高等教育的质量由三个方面构成：培养多样化的人才、研究科学技术，以及服务社会发展。其中，以培养人才为核心。质量是高等教育的生命线，无法满足需求的教育项目没有存在的理由，必将被淘汰。

一、高等教育质量评估的概念

高等教育质量评估是对普通高等院校在办学水平、人才培养、管理方法、教育质量、科研成果等方面进行全方位综合评价的一项工作，由政府、高校自身以及社会中介评估机构等相关部门开展。其原则是"以评促改，以评促建，以评促管，评建结合，重在建设"，[1] 旨在加强国家对高等教育质量的宏观引导和调控，使高校的发展符合我国经济社会对人才的需求。

在我国，高等教育质量评估分为内部评估和外部评估两种。内部评估是高等院校自我监督、自我改进的一种管理机制，包括教师教学水平评估、学生能力评估、科研成果评估等。外部评估则由教育部、各省市教育局等相关部门组成评估小组进行。外部评估分为合格评估、优秀评估和随机评估。合格评估主要针对新建高校，评估其教学工作是否达标；优秀评估则对高校的声誉和生源等进行综合判断；随机评估是由教育部专家委员会随机抽取高校进行评价。

---

[1] 肖全民，罗敏. 以"二十字方针"为指导营造和谐的高校评估文化 [J]. 中国大学教学，2006（8）：2.

我国高等教育质量评估机构由教育部、各省市教育厅（局）和高等教育质量评估中心组成。教育部全面掌控高等教育质量评估工作，负责制定评估体系并建立专家评估团。专家评估团的主要职责包括控制评估进程，评审实地评估人员的资格，获取最终评估总结，处理评估过程中的争议等。地方教育部门负责当地的评估工作，包括制定适合当地的评估计划和方法，实施评估，以及利用评估结果。教育部高等教育教学评估中心则负责评估工作的具体实施，包括培训专业人员，组织评估人员进行实地考察评估，分析统计结果等。

二、高等教育质量评估的性质

（一）客观性

客观性也称为真实性，指的是评估小组以教学目标为基础，制定科学的标准，运用有效的技术手段，对待评高校的教学硬件、师资力量、教学水平、教学活动过程和结果等方面进行测定、衡量，并给出价值判断。客观性保证了评估结果真实可靠，如实反映高校的教学工作水平。客观性是高等教育质量评估的本质要求，如果失去了客观性，评估工作将失去意义，不仅无法对高等教育起到引导、调控的作用，还会浪费大量人力、物力和财力。因此，开展高等教育质量评估时，必须充分考虑客观性这一要求。

（二）可操作性

可操作性指的是高等教育质量评估小组提出的方案、方法、标准在实际评估中能够实现，而不是空洞的理论。这也是高校质量评估方案的基本要求。高等教育质量评估的可操作性体现在评估前期，即设计制定评估方案阶段，结合我国现阶段高等教育水平、教学条件等实际情况，制定评估指标体系，以确保评估工作顺利开展并获得有价值的信息。

（三）实效性

实效性指的是高等教育质量评估方案的实际操作可行性和结果的可靠性。实施的可行性体现了方案的意义、目的和方法使用的可行性，而结果的可靠性则反映了评估工作产生的结果的可用性。评估方法应结合实际确定，避免凭空想象，否则评估结果既无指导意义，又会浪费大量人力、物力和财力。

三、高等教育质量评估的必要性

（一）高等教育属性的需求

高等教育的属性可以分为两个方面：人本属性与学术属性。人本属性是指高等教育要从人的角度考虑，一切教育工作都应从人的利益出发，从人的发展需求出发。教育是一种对人产生积极影响的社会活动，其目的在于让人变得更加聪慧、更加善良。因此，教育的本质是改变人、完善人，使其达到尽善尽美。这个本质决定了教育工作应当以人为本，也必须以人为本。高等教育的人本属性需要有合理的评价指标与方法来评估高校，督促高校认识到人才培养质量是高等教育质量的首要体现，也是大学生存和发展的基础。因此，高校的一切工作和活动都应以培养人、塑造人为出发点和落脚点。高等教育的学术属性是指其从事学术工作的性质。高等教育的学术场所是大学，而学术活动的载体是知识。知识是大学存在与发展的基础，大学的社会职能之所以不同，是因为大学拥有不同的学科领域，并能运用和操作各种知识。梁启超先生曾说，只有新的并经过实践证明了的学术，才能带来国家的新发展、新创造和新进步。[①] 这句话揭示了学术的重要价值。学术问题关乎国家和民族的兴衰，不可轻视。

自改革开放以来，中国经济发展迅速，如今已成为世界第二大经济体，但文化和学术事业的发展是否也达到了世界前列？文化和学术水平决定着经济和军事的发展，在这方面，我们与世界先进水平仍有较大差距。国家的经济发展、社会进步和国际政治影响力的提升，根本上取决于整体的文化修养和学术水平，而这些又体现在人才身上。

日本和德国在二战后综合国力明显下降，但其经济、政治和社会迅速回到世界前列，这要归功于他们拥有大量高文化修养、高学术造诣的人才，为国家发展献计献策。这是公认的事实。当然，中国在经济发展的同时也取得了不少文化和学术上的成就，但仍未达到应有的水平。许多学者提出疑问：中国为何没有培养出在科技领域获得诺

---

① 刘黎红. 梁启超与民初学术科学化潮流 [J]. 东方论坛. 青岛大学学报，2004.

贝尔奖的人才？这是一种振聋发聩的质疑，反映了中国文化和学术的现状。

高等教育的学术属性需要不断自我评估或外部评估，以确保高校所教授的是实用的知识，培养的人才包括具有学术造诣的人才，研究的知识包括深奥的学术知识。

（二）提升高等教育质量的需求

提升高等教育质量是我国实现经济跨越发展、社会不断进步的必然要求，也是实现民族复兴、提高国际影响力的客观需要，同时满足了人们日益增长的文化需求。目前，我国高等教育最重要的责任和使命是培养一批有才干且致力于提升国家综合国力的人才。其核心任务是在高等教育扩招的情况下，确保并提升其质量，这也是当前我国高等教育面临的迫切问题。

高等教育质量评估对高等院校改革发展和提高高等教育质量具有不可替代的作用。它可以促进高校加快发展，合理定位在社会中的角色，并改进不足之处，从而不断提升教学水平。胡锦涛同志在清华大学百年校庆时曾表达了对我国高等教育质量提升的殷切希望，他强调，质量是高等教育的生命线和存在基础。在未来相当长的一段时间里，我国高等教育最迫切的任务是提升水平和质量，认真执行"培养各种人才""研究科学技术"和"服务社会发展"的任务和目标。[1]

面对国际社会的复杂格局和科技的飞速发展，科学研究能力是衡量国家实力的重要指标，而高等教育是增强国家科学研究能力的重要途径。经济发展将推进高等教育更广泛和全面的发展，而高等教育水平的提高也有助于经济建设。高等教育的发展与经济社会发展应形成良性循环，推进高等教育质量的建设本质上是自然科学与社会科学文化的传承建设。

高等教育质量关系到我国科技进步、经济发展、文化传承与创新，对高校教学质量的评估可以衡量其教育质量是否提升、停滞或下降。如果教育质量未提升或下降，评估系统将指导高校改进薄弱环节。

（三）高等教育体制改革的需求

我国高等教育体制经过30多年的改革和实践，已进入全新阶段，对高等教育质量

---

[1] 胡锦涛. 在庆祝清华大学建校100周年大会上的讲话 [J]. 中国大学教学，2011，000（005）：4-6.

的提高有重要影响。高等教育体制改革的基本任务是处理好高校、政府和社会公众之间的关系，其目的是建立新体制，使高等教育在满足社会需求的同时遵循其独特规律，并在政府宏观控制下根据社会需求独立办学。

科学合理地评估我国高等教育是发现问题的首要任务，并找出相应的解决方案加以改革。高等教育质量评估小组通过评估高校的办学目的、管理模式、专业设置、招生政策、教学和科研水平等，发现不符社会发展因素，找到解决方案，使其发展与我国经济和人才需求相符。

四、高等教育质量评估的构成要素

（一）评估主体

高等教育质量评估主体指参与评估过程的政府、高校自身或中介机构。这些主体也可以是质量评估行为的组织者、发动者和参与者，对整个质量评估的实施和监督起着关键作用。若评估主体过于单一，评估结果可能不公平、不具体、不客观。

《普通高等学校教育评估暂行规定》中指出，普通高校教育评估是国家对高等学校实行监督的重要形式，由各级人民政府及其教育行政部门实施。国外发达国家的评估主体包括政府主管部门、专家学者和社会组织。行政主管部门在评估中贯穿始终，承担组织实施、确定评估方案、实施奖惩等职责。专家学者在评估中发挥主要和普遍的作用，因为他们具有专业性、公平性、可行性的优势。社会组织则可以缓解社会性危机的副作用，并降低评估费用。

（二）评估指标

高等教育质量评估的指标体系规定了评估内容和项目，是评估工作的基础。科学的评估指标体系有助于引导高等教育建设，提高教育质量和国际影响力。合理的指标体系应具备客观性、可操作性和实效性。对于高校来说，它为科学管理提供了依据，有助于改善办学条件、提升教学水平、改进教学方法。评估体系的不科学可能导致结果不客观、不可信、不可靠，使评估毫无意义。因此，在评估前必须确保指标体系的科学合理性。

(三) 评估方法

我国高等教育质量评估方法目前采用权重法，根据实际需要设置不同权重，对各指标进行评分，然后通过加权平均法计算整体得分，并结合等级标准确定高校的教育质量水平。

(四) 评估结果

评估结果是通过高等教育质量评估工作得到的、能有效反映我国高等教育水平、质量以及存在问题的客观信息数据。根据教育部本科教学水平评估指标体系，评估结果分为四种：优秀、良好、合格和不合格。

第二节 教育质量评估的几点要求

高等教育是社会发展的基石，对国家经济、文化、科技等方面的进步起着关键作用。高等教育质量的高低不仅直接影响毕业生的综合素质和就业竞争力，还对国家综合实力的提升有着长远影响。

教育质量评估是确保高等教育质量的重要工具，通过科学、客观、有效的评估手段，可以对高校教学、科研、管理等方面进行全方位的综合评价。评估结果不仅为高校的自我改进提供了方向，也为政府对高校的发展和资源分配提供了参考依据。

为了确保评估工作的科学性、有效性，教育质量评估应满足几个关键要求，包括客观性、可操作性、实效性等。客观性确保评估结果的真实可靠，可操作性保证评估方案的实施和执行，实效性则确保评估结果的可用性。通过满足这些要求，我们可以有效提升高等教育质量，为国家的经济、文化、科技等方面的发展奠定坚实基础。

一、客观性

客观性在教育质量评估中至关重要。它指的是评估应基于科学的标准和方法，真实反映高校的教学水平、科研成果以及整体质量。只有这样，评估工作才能为高等教育的发展提供有效指导，确保其与国家的经济、社会和文化需求相适应。

（一）客观性在评估中的重要意义

客观性是教育质量评估的本质要求。它确保评估结果真实可靠，全面反映高校的实际状况。如果评估缺乏客观性，不仅会导致评估结果不准确，使其失去指导意义，还可能误导高校的发展方向。客观的评估可以揭示高校在教学、科研、管理等方面的薄弱环节，为高校改进提供有价值的指导，从而提升整体水平。

另外，客观性还能增强高校对评估结果的信任度，使其愿意根据评估结果调整发展策略，提高教学、科研、管理等方面的质量。这有助于高校更好地满足社会需求，为国家的经济、文化、科技等方面的发展提供有力支持。

（二）提升客观性的方法

1. 使用科学指标体系和数据分析技术

科学的指标体系能确保评估内容全面且有针对性，从而准确反映高校的教学、科研、管理等各方面水平。指标体系应涵盖教学水平、人才培养、科研成果等领域，以全面评价高校的整体质量。数据分析技术可以对评估数据进行客观处理，减少主观因素的影响。通过统计分析工具和技术，对数据进行清洗、统计、建模，从而确保评估结果真实可靠。

2. 保证评估过程透明化，避免主观偏见

透明的评估过程可以让高校了解评估的依据和方法，有助于他们有针对性地改进。同时，透明度还能减少评估中的主观偏见，使评估结果更具可信度。评估过程的透明化不仅可以增强高校对结果的信任度，还能促使高校积极根据结果调整发展策略，改进薄弱环节，提高整体质量。

客观性的落实，不仅可以准确评估高校的教学质量，还能为高校的发展提供明确方向，使其在教学、科研、管理等方面不断完善，为国家高等教育质量的整体提升奠定基础。

二、可操作性

可操作性是教育质量评估成功开展的关键，它确保评估方法和方案能够在实际中

顺利实施，而不仅仅停留在理论层面。

（一）提升可操作性的重要意义

可操作性确保评估工作顺利进行，从而获取有价值的信息。通过实际操作中有效的评估方案，可以准确反映高校的教学、科研、管理等各方面水平，为高校的改进提供具体指导，也为国家宏观调控高等教育提供依据。

具体而言，可操作性的重要性体现在以下几个方面。

（1）高校的改进：评估方案的可操作性能够揭示高校的薄弱环节，为其改进提供方向，使高校能够针对性地调整教学、科研、管理等方面的策略，以提高整体质量。

（2）国家宏观调控：可操作的评估方案能够为国家提供真实准确的高等教育信息，帮助其合理配置教育资源，制定政策以宏观调控高等教育，使其与社会需求相适应。

（3）评估的有效性：可操作性确保评估方案可以在实际中实施，避免空洞的理论化，使评估工作顺利进行，从而获取有价值的信息。

综上所述，可操作性是教育质量评估的核心要求，它不仅确保评估工作顺利开展，也为高校的改进和国家宏观调控高等教育提供了重要依据，为高等教育质量的整体提升奠定基础。

（二）提升可操作性的方法

1. 制定与当前高等教育水平和条件相符的指标体系

评估指标应与我国现阶段的高等教育水平、教学条件相匹配。这样才能确保评估内容全面且切合实际，不会因脱离实际而难以实施。指标体系应涵盖高校的教学水平、人才培养、科研成果等方面，并根据当前高等教育的实际情况设定具体指标。例如，教学水平指标应考虑高校的教学资源、课程设置、师资力量等；人才培养指标应评估高校培养学生综合素质和能力的水平；科研成果指标应反映高校在学术研究、科技创新等方面的成就。

2. 确保评估标准简明易懂，方便操作

评估方案应条理清晰、简洁易懂，使评估人员能够快速理解并应用。此外，评估

标准应提供明确的操作步骤，使评估过程得以高效进行。简明的评估标准可以减少操作中的繁杂步骤，提高评估工作的效率，也能确保评估过程顺利进行。通过这种方式，评估结果能够全面反映高校的实际水平，为高校的发展和改进提供有力支持。

通过这些措施，可操作性可以确保教育质量评估方案的实际应用，使其在评估高校教育质量的同时，为高校改进和提高教学水平提供有力支持。

三、实效性

（一）实效性的重要意义

实效性是高等教育质量评估中不可或缺的要素，指的是评估结果的可用性和准确性。它确保评估工作能够切实反映高校的教学、科研、管理等方面的水平，为高校的改进和发展提供有效指导。

实效性确保评估方案的可行性，以及评估结果的可靠性。如果评估方案无法落地或结果不准确，评估将失去意义，对高校的发展起不到应有的指导作用。准确的评估结果可以揭示高校的薄弱环节，为其改进提供方向，使其能够针对性地调整教学、科研、管理等方面的策略，提高整体质量。

（二）落实实效性的主要方法

具体而言，实效性的重要性体现在以下几个方面。

（1）高校改进：实效性的评估结果为高校提供了明确的改进方向，使其能根据结果调整教学计划、科研项目、管理方式等，以提升整体水平。例如，评估结果可以揭示高校在课程设置、教学资源配置等方面的不足，从而指导其进行调整，提高教学质量。此外，评估结果还能指出高校在科研方面的薄弱环节，如研究方向、资金分配等，为高校制定改进策略提供依据。

（2）国家宏观调控：实效性的评估结果为国家提供真实准确的高等教育信息，帮助其合理配置教育资源，制定政策以宏观调控高等教育，使其与社会需求相适应。国家可以根据评估结果了解高校在教学、科研、管理等方面的实际水平，从而制定相应的政策，指导高校发展。比如，政府可以根据评估结果分配资源，支持那些在教学、科研等方面有潜力但资源不足的高校，帮助其提升整体质量。

（3）评估的可信度：实效性确保评估方案在实际操作中可行，并通过准确的结果提高评估的可信度，使其对高校和国家的宏观调控都能提供有效支持。评估方案的实际可行性确保了评估工作顺利进行，评估结果的准确性则增强了其可信度，使高校和政府都能根据结果调整策略，从而提升整体教育质量。

通过这些方面，实效性在高等教育质量评估中起到了重要作用，确保评估结果可用且准确，为高校的改进和国家宏观调控提供有力支持。

四、高校评估体系的构成

评估体系是高等教育质量评估的核心工具，它由一系列指标构成，全面反映高校的教学、科研、管理等各方面水平，为评估工作提供了明确的框架和方向。

（一）指标体系的构成

评估指标体系通常包括教学水平、人才培养、科研成果等多个方面，覆盖高校的主要职能。教学水平指标衡量高校的教学资源、课程设置、师资力量等。比如，这些指标可以考察高校的课程设计是否与当前的社会需求相符，师资力量是否能够满足教学任务，以及教学资源的配置是否合理。人才培养指标考察高校培养学生的综合素质和能力，如学生在学术、实践、创新等方面的能力，以及他们在就业市场上的竞争力。科研成果指标则评估高校在学术研究、科技创新等方面的成就，考察高校在科研项目的数量和质量、创新能力以及在学术界的影响力。

这些指标体系的构成不仅全面反映了高校的主要职能，还为高校的发展提供了具体的方向。通过这些指标，高校可以发现教学、科研、管理等方面的薄弱环节，从而有针对性地调整策略，改进整体水平，为高等教育质量的提升奠定基础。

（二）指标体系的作用

科学的评估体系为高校管理提供了依据，帮助高校发现薄弱环节，制定改进措施，提高教育质量。评估体系涵盖高校教学、科研、管理等各方面的指标，可以全方位反映高校的整体水平，从而揭示其薄弱环节。例如，通过教学水平指标，可以发现高校的课程设置是否与社会需求相符，师资力量是否满足教学任务等。通过科研成果指标，可以了解高校在学术研究、科技创新等方面的成就，为其科研方向调整提供指导。

此外，科学的评估体系还为政府对高校的发展和资源分配提供了参考依据，有助于国家宏观调控高等教育。政府可以根据评估体系的结果，了解高校在教学、科研、管理等方面的实际水平，从而制定相应政策。比如，政府可以根据评估结果分配资源，支持那些在教学、科研等方面有潜力但资源不足的高校，帮助其提升整体质量。这种宏观调控不仅可以促进高校与社会需求相适应，还能推动整个高等教育质量的提升，为国家的发展提供有力支持。

（三）定期更新，完善指标体系

评估体系应定期更新，以反映当前高等教育的发展需求。随着科技、经济、社会的不断进步，高等教育的发展方向和内容也在不断变化。过去的指标体系可能已经无法全面反映高校的现状和发展趋势，这就需要对评估体系进行定期更新，以确保其与时俱进。

通过定期更新评估体系，可以确保其指标设置准确反映高校的实际情况。比如，随着在线教育、远程教学等新模式的兴起，评估体系需要增加相关指标，以衡量高校在这些方面的水平。同样地，随着科技和创新在社会中的地位不断提升，评估体系也应相应调整，以考察高校在科研、科技创新等方面的成就和影响力。

定期更新的评估体系不仅可以为高校管理提供有力支持，揭示其薄弱环节，为其制定改进策略提供依据，还能为国家宏观调控提供准确的信息。通过更新后的评估体系，政府可以合理配置教育资源，制定政策以推动高等教育与社会需求相适应，从而确保高等教育的发展方向与国家的经济、科技、文化等方面的需求保持一致。

评估体系的完善，有助于高校改进教学、科研、管理等方面的工作，从而提升整体教育质量，为国家的发展提供更多优秀人才。

第三节 教育质量评估的方法

高等教育是一个国家综合实力的重要体现，对经济、科技、文化等各个方面的发展起着关键作用。高校作为高等教育的主体，其教学、科研、管理水平直接影响着国家的发展。为了确保高校保持高水平的发展状态，对其教育质量进行评估至关重要。

高等教育质量评估的重要性体现在以下几个方面：首先，它能够全面评估高校在教学、科研、管理等方面的水平，揭示高校的薄弱环节，并提供改进方向。其次，评估结果为政府对高校的发展提供了参考依据，有助于国家宏观调控高等教育，确保其与社会需求相适应。最后，高等教育质量评估能够提升高校的国际地位和影响力，为国家的国际竞争力提供有力支持。

在高等教育质量评估中，有几种常用的方法：科学的指标体系、权重法和数据分析等。这些方法相辅相成，为评估工作提供了全面且有效的手段，使其能够准确评估高校的教育质量，并为高校的改进提供具体指导。

一、权重法

权重法是高等教育质量评估中常用的一种方法，它通过为各评估指标赋予不同权重，根据其重要性和实际需要进行评分，以评估高校的整体教育质量。

（一）权重法的定义

权重法是一种高等教育质量评估方法，通过对指标进行权重设置，将不同指标的重要性纳入考虑，从而使评估结果更具代表性。

在权重法中，各指标的权重根据其对高校整体质量的重要性和实际需要来确定。例如，教学水平指标可能在一些高校中占据较高的权重，因为其教学资源、课程设置、师资力量等对高校的整体教育质量有着直接影响；科研成果指标也可能具有较高的权重，尤其在那些注重科研的高校，因为其科研项目的数量和质量、创新能力等对高校的学术地位和国际影响力有着重要作用。

权重法通过这些权重设置，使评估结果不仅能够全面反映高校的教学、科研、管理等各方面水平，还能根据不同指标的重要性进行加权处理，使评估结果更具代表性。这样，高校可以根据结果发现自身的薄弱环节，并制定相应的改进策略。同时，权重法也能为政府对高校的发展提供准确的信息，使其合理配置教育资源，制定政策以推动高等教育与社会需求相适应。

（二）权重法的应用流程

1. 评分

评估小组根据各指标体系对高校进行评分，衡量其在教学水平、人才培养、科研成果等方面的表现。教学水平指标包括课程设置、教学资源、师资力量等，评估小组可以考察这些方面的实际状况并给出分数。人才培养指标则考察高校培养学生的综合素质和能力，如学生在学术、实践、创新等方面的表现以及就业市场上的竞争力。科研成果指标评估高校在学术研究、科技创新等方面的成就，通过考察科研项目的数量和质量、创新能力以及在学术界的影响力等方面给予评分。

2. 计算得分

通过加权平均法，将各指标的得分进行加权计算，得出高校的整体得分。加权平均法通过对不同指标赋予不同权重，充分考虑各指标的重要性，从而使得最终得分更加全面、客观。

3. 结果

结合得分与等级标准，确定高校的教育质量水平，将其划分为优秀、良好、合格、不合格等不同等级。通过这种划分，可以全面反映高校的整体教育质量，为高校的发展提供方向。高校可以根据结果调整教学、科研、管理等方面的策略，提高整体水平。同时，评估结果也为政府对高校的发展提供参考依据，有助于国家宏观调控高等教育，使其与社会需求相适应。

权重法通过对各指标的权重分配，确保评估结果充分考虑高校的各方面表现，使得评估结果更加全面、准确，为高校的管理和改进提供了明确方向，有助于提升高等教育质量，为国家的教育发展提供有力支持。

二、大数据分析法

（一）大数据分析应用的概念

数据分析是高等教育质量评估中的重要环节，它通过对评估数据进行处理，确保评估结果的准确性和客观性，为评估工作提供科学依据。

数据分析技术用于对评估过程中的数据进行处理和分析，以确保评估结果客观准确，从而真实反映高校的教学、科研、管理等水平。通过统计分析工具和技术，对数据进行清洗、统计、建模，确保数据的准确性，为评估结果提供科学依据。

在评估过程中，数据分析的重要性体现在以下几个方面。

（1）教学水平：数据分析可以对高校的教学资源、课程设置、师资力量等方面的数据进行处理，评估其教学水平，为高校调整教学策略提供方向。

（2）科研成果：数据分析可以处理高校在学术研究、科技创新等方面的成就数据，评估其科研成果，为高校科研方向调整提供指导。

（3）管理水平：数据分析可以评估高校的管理模式、招生政策等方面的数据，为高校改进管理方法提供依据。

通过这些数据分析环节，可以确保评估结果全面且准确，反映高校的实际水平。高校可以根据结果有针对性地调整教学、科研、管理等方面的策略，改进薄弱环节，从而提升整体质量。同时，数据分析也为政府对高校的发展提供了参考依据，有助于国家宏观调控高等教育，使其与社会需求相适应。

（二）大数据分析应用的方法和工具

数据分析使用统计分析工具和技术，对评估过程中收集的数据进行整理、分析，并结合指标体系得出科学结论。分析过程包括数据清洗、统计、建模等步骤，从而确保数据的准确性。

具体而言，数据分析的过程包括以下方面。

（1）数据清洗：对评估数据进行初步处理，删除无效数据、去除重复数据，并对数据格式进行统一，使其适合后续分析。

（2）数据统计：使用统计工具对数据进行统计分析，如计算平均值、标准差、百分比等，得出初步结论。这一过程能够揭示高校在教学水平、科研成果、管理模式等方面的整体状况，为后续分析提供基础。

（3）数据建模：基于统计结果建立分析模型，通过模型分析高校在各指标体系中的表现，得出综合结论。建模过程可以揭示高校在教学、科研、管理等方面的具体水平，为评估结果提供科学依据。

通过这些步骤，数据分析能够全面且准确地处理评估数据，为评估结果提供科学依据，使其真实反映高校的教学、科研、管理等水平。这样，高校可以根据结果针对性地调整策略，提高整体质量。同时，数据分析也为政府对高校的发展提供了准确信息，有助于国家宏观调控高等教育，使其与社会需求相适应。

(三) 大数据质量分析的意义

数据分析为评估结果提供了科学依据，避免了主观偏见。它通过客观的数据处理，使评估结果真实反映高校的实际情况，提高了评估工作的客观性和可信度。科学的评估结果有助于高校发现薄弱环节，为其改进教学、科研、管理等方面提供明确方向。

数据分析的重要性体现在以下几个方面。

(1) 客观性：数据分析通过对评估数据进行客观处理，确保评估结果真实可靠。它通过统计分析工具和技术，对数据进行清洗、统计、建模，从而揭示高校在教学水平、科研成果、管理模式等方面的实际状况，为评估结果提供科学依据。

(2) 可信度：数据分析的客观性提高了评估结果的可信度，使高校对结果产生信任，从而愿意根据结果调整策略，提高整体水平。同时，数据分析结果还为政府提供了准确信息，使其能够合理配置教育资源，制定政策以推动高等教育与社会需求相适应。

(3) 高校改进：数据分析为高校的改进提供了依据，使其能够针对性地调整教学、科研、管理等方面的策略。例如，通过教学水平指标的分析，高校可以发现课程设置、教学资源配置等方面的不足，并进行调整。科研成果指标的分析则可以揭示高校在学术研究、科技创新等方面的薄弱环节，为其制定科研方向调整策略提供指导。

通过这些方面，数据分析不仅可以为评估结果提供科学依据，还能为高校的改进提供方向，使其提高整体质量，为高等教育质量的整体提升奠定基础。

三、评估方法的定期更新

(一) 评估方法定期更新的意义

定期更新是高等教育质量评估中的必要环节，它确保评估方法能够反映高等教育的最新发展，提供科学、有效的指导。高等教育的发展方向和内容不断变化，从教学模式到科研方向都在与时俱进。评估方法也应相应调整，以准确反映当前高等教育的发展需求。否则，评估结果将无法有效指导高校的发展，也会导致其与社会需求脱节。

高等教育的发展变化体现在多个方面。

(1) 教学模式：随着技术的进步，在线教育、远程教学等新模式不断兴起。高校的教学模式也在不断调整，以满足不同学生的学习需求。评估方法应相应增加对这些教学模式的指标，以准确衡量高校在这些方面的表现。

（2）科研方向：科技的飞速发展，使得高校在科研方面的方向和内容也在不断变化。评估方法应涵盖高校的科研项目、创新能力、学术影响力等方面的指标，以全面反映其科研成果，为其科研方向调整提供指导。

（3）社会需求：高等教育的发展应与社会需求相适应。随着经济、科技、文化等方面的发展，社会对人才的需求也在变化。评估方法应考虑这些需求，对高校的人才培养指标进行调整，以确保其与当前社会需求相符。

通过这些方面的调整，评估方法可以准确反映当前高等教育的发展需求，为高校的发展提供有效指导，确保其与社会需求保持一致。同时，这些调整还能为国家宏观调控高等教育提供准确信息，使其合理配置教育资源，推动高等教育与社会需求相适应。

（二）评估方法定期更新的内容

定期更新的内容包括评估指标体系、数据分析方法等，使其能够全面反映高校的教学、科研、管理等各方面的发展变化。新的评估体系和方法应涵盖高等教育的最新趋势，以确保评估工作全面有效。

（1）评估指标体系：新的指标体系应反映高校教学、科研、管理等方面的最新趋势。教学指标应涵盖高校的教学资源、课程设置、师资力量等，确保其教学模式与当前社会需求相符。科研指标应反映高校在科研项目的数量和质量、创新能力等方面的表现，为其科研方向调整提供指导。管理指标应考察高校的管理模式、招生政策等，为其改进管理策略提供依据。

（2）数据分析方法：新的数据分析方法应适应当前高等教育的发展需求。通过引入先进的统计分析工具和技术，对评估数据进行处理，从而确保评估结果准确客观。此外，数据分析方法应考虑到高校在教学、科研、管理等方面的变化，确保分析结果能够全面反映其实际情况。

通过定期更新评估指标体系和数据分析方法，评估工作可以准确反映高校的教学、科研、管理等方面的发展变化，为高校提供有效指导，使其能够针对性地调整策略，提高整体水平。同时，这些更新还为国家宏观调控高等教育提供准确信息，使其合理配置教育资源，推动高等教育与社会需求相适应。

（三）评估方法定期更新的结果

定期更新确保评估方法的科学性和有效性，为高校的改进提供更准确的指导。通过更新后的评估体系和数据分析方法，高校可以针对性地调整教学、科研、管理等方面，以提高整体质量。与此同时，科学的评估方法还能为政府宏观调控高等教育提供准确依据，确保其与社会发展相适应。

具体而言，定期更新的结果体现在以下几个方面。

（1）高校改进：更新后的评估体系和数据分析方法可以揭示高校在教学、科研、管理等方面的薄弱环节，为其改进提供方向。高校可以根据评估结果调整教学计划、科研方向、管理策略等。例如，通过教学水平指标的分析，高校可以发现课程设置、师资力量等方面的不足，并进行调整；科研成果指标的分析可以揭示高校在学术研究、科技创新等方面的薄弱环节，为其制定科研方向调整策略提供指导。

（2）国家宏观调控：更新后的评估方法为政府提供真实准确的高等教育信息，帮助其合理配置教育资源，制定政策以推动高等教育与社会需求相适应。通过这些准确信息，政府可以了解高校在教学、科研、管理等方面的实际水平，从而制定相应政策，如资源分配、教育发展规划等。

（3）与社会发展相适应：更新后的评估方法可以确保高等教育的发展与社会需求相适应。随着科技、经济、文化等方面的发展，高等教育的方向和内容也在不断变化。科学的评估方法能够全面反映这些变化，确保高等教育的发展方向与社会需求保持一致，为国家的经济、文化、科技等方面的发展提供有力支持。

通过这些方面的更新，评估方法可以全面反映高校的实际情况，为高校的改进和国家宏观调控提供有力支持，使高等教育的发展与社会需求相适应，为国家的整体发展奠定基础。

第五章　大学生心理教育

第一节　大学生活的适应

大学阶段与中学生活相比，发生了巨大变化，其中最明显的是自主独立。大学生必须依靠自身的知识和能力，在生活、学习、交友乃至认识社会、体味人生等方面进行更多的独立思考、判断、选择，并通过行为付诸实践。为了帮助大学生快速适应大学生活，有必要充分了解大学生活的新变化。

一、大学生活的变化

（一）学习状况的变化

进入大学后，大学生的学习任务与中学时代相比，内容更丰富、任务更繁重、范围更广。大学生的学习方式从依赖老师转变为自主学习，这种转变要求学生具备更强的自我管理能力。

（二）生活环境的变化

大学生的生活环境变化主要体现在三个方面：

（1）生活领域更加宽广，接触到的生活更加多姿多彩。

（2）生活方式由依赖父母、无法独立生活转变为自主处理一切事务，融入集体生活。

（3）在生活习惯上，大学生的饮食、语言、作息制度和卫生习惯等方面都可能发生变化，这可能导致他们适应不良。

（三）人际关系的变化

大学时期，大学生的人际交往方式和对象都发生了改变。由于这些改变，许多大学生难以适应。虽然他们对人际交往的需求更加强烈，但由于缺乏交往技巧等原因，他们往往无法建立友好的协调关系。

（四）管理制度的变化

大学生管理制度的变化主要体现在以下几个方面。

（1）管理系统的变化：大学校园的各个职能部门直接参与学生管理工作，包括思想教育管理、学籍管理、宿舍管理和课外活动管理等。

（2）教学管理的变化：大学时期实行学分制，学生需要修满学分才能顺利毕业，因故未修满学分的学生可以延长学习时间。

（3）管理方法的变化：大学时代的管理方法更多地强调学生的自我管理、自我教育、自我服务和自我约束。

二、大学生活适应概述

（一）适应的概念

达尔文在阐述进化论时曾指出："适者生存。"心理学家皮亚杰指出："智慧的本质就是适应。"可见，适应是现实生活中个体与客观环境保持良好有效的生存状态和发展状态的过程。适应是个体对周围环境的反应，没有环境的变化，就无所谓适应与不适应。

心理学家珍妮特认为，人的一生是一系列的适应阶段，而每个阶段都会对个人的长期调节产生影响。适应是人的基本需求，适应能力是个体生存与发展的必备能力。自然环境、心理环境和社会环境是人们生活的环境，这些环境不断变化，因此个体存在适应环境的问题，需要不断适应新环境。

适应也是一个重建平衡的动态过程。使主客体之间的不平衡状态恢复平衡，是适应的主要任务，但从个体发展全过程来看，不平衡是经常的、绝对的，而平衡是暂时的、相对的。因此，建立平衡是适应的直接目标，主体自身的发展才是其根本目标。

个体的适应主要受到社会和自然规律的支配，可分为自觉的适应和不自觉的适应。个体通过学习、培训获得的适应是自觉的适应，这个过程也是心理适应的过程。例如，为了完成中等教育向高等教育过渡的全面适应，大学一年级的新生在入学时会安排军训等内容。如果新生顺利通过这一时期，之后的"陌生感"也可能逐渐消失，他的适应程度会更高，速度会更快。

（二）大学适应的意义

对我们每个人来说，一个充满发展潜力的环境和空间极为重要。我们都希望能够处在这样的环境中，尤其是当代大学生，他们渴望扬起生命的帆，掌控自己的命运，解决心灵深处的纷争，突破外界的种种障碍，让自己的生命之舟顺利抵达理想的彼岸。

1. 突破的能力

生存和发展的过程，本质上是一个不断冲破阻力、突破困境的过程。心理学家指出，人们在理解客观世界时展现出主观能动性。我们的大脑不是简单地如同镜子那样被动地反射信息，而是通过主动的思维活动来解析这些信息。这种主动的思维让我们能够对环境做出积极的响应，适应自己所处的环境和条件。即便是在相同的环境和条件下，由于每个人的需求和信念各不相同，他们对于客观现实的感知和反应也会有所差异。

2. 积极的适应

所谓的积极适应，指的是在客观环境中，个体自觉、积极地调节自己与环境的关系，以适应不适应的行为。通过增强主动性和积极性，个体能够更好地发展。在任何环境中，都存在着有利于个人生存和发展的因素，关键是我们要能够发现并利用这些因素。这需要我们一方面分析环境的优劣，另一方面分析自身的能力和条件，找到最适合自己的方式，发挥长处，避开短处，从而积极地发展和适应。个人的心理潜能巨大，在这个发展过程中，关键在于自己的观念和素质，而不仅仅是外部的环境和条件。通过具体的社会实践和积极的个人努力，我们可以实现对环境的积极适应，用社会发展的视角来武装我们的思维，从而更好地适应社会。

三、大学生适应不良的症状与解决方法

（一）大学生适应不良的表现

（1）自我价值感贬值：刚进入大学的学生，会发现竞争对手、竞争内容、评价标准都发生了变化。中学时代的优越感随之消失，他们可能会觉得自己不如其他同学，自我价值感逐渐贬值，进而产生悲观失望的情绪。这种现象在大一新生中尤为常见。

（2）学业上的适应不良：不少大学生进入大学后，成绩不佳甚至不能顺利完成学业。导致这一现象的主要原因并非智力或基础问题，而是情绪困扰。例如，他们难以适应大学的学习特点和方式，考试作弊、不做作业，或者认为所学内容毫无意义，对学习失去兴趣。这种懒散和无所事事的状态可能源于缺乏动机、对环境的认识错误等，导致学业适应不良。

（3）适应过度：大学生正处于由少年向成人转变的时期。一些学生进入大学后，模仿成人的行为，虽然看似成熟、能适应环境，但实际上他们没有处理好自己的问题，没有分析自己的需求和目标。过度成人化也会导致与同学关系紧张，使他们产生"高处不胜寒"的感觉，不愿与他人交往，导致适应问题。

（4）内向性行为问题：内向性行为是指情绪困扰或非社会行为，包括畏缩、消极、不合群、不敢表达想法、过度依赖他人、幻想、焦虑、自虐等。这样的大学生无法应对社会、学校、家长的要求，形成沉默寡言的性格，看似是"听话的学生"，但实际上适应有问题。

（5）外向性行为问题：外向性行为是指违规或反社会行为，如逃学、逃课、不合作、不守纪律、撒谎、打架、偷盗、破坏等。部分大学生存在说谎、欺骗、偷窃、考试作弊等问题，可能暗示他们无法公平竞争或适应社会。逃课、不上课是常见的表现，且常以身体不适为借口。

（6）不良行为习惯：个别大学生保留了儿童时期的行为习惯，如吮吸拇指、咬指甲、尿床等。青春期的发展也导致无法调节性冲动，出现过度手淫、偷窥异性等行为。这些不良习惯与成长过程中性格发展不健全有关。

（7）过度的焦虑：焦虑是一种对未来事件的压抑感和恐惧感。大学新生的心理健康水平较低，特别容易焦虑、烦恼、激动，难以完成任务，并伴随神经紧张、消化不良等问题。

（8）不尊重老师：青年时期是自我认同与整合的关键期。一些大学生蔑视权威和规则，对老师不尊重，牢骚满腹，体现出"轻狂少年"的特征。有时是因为他们不被老师理解和接纳，导致这种行为。

（二）适应不良的缓解方法

针对大学生的适应不良问题，可以采取以下措施。

（1）学校的举措：高校应高度重视新生的适应问题，开展多种形式的活动，如心理健康教育、新生心理状况测查、集体心理讲座等。对有相同问题的学生提供团体咨询或个体辅导，并组织心理健康宣传活动。

（2）家庭的举措：家长应多观察孩子的表现，与老师交流，并与子女讨论学习和生活问题。避免过度责备，给予子女自由空间，及时察觉问题，温和应对。

（3）学生自身的努力：大学生应在心理上做好充分准备，预测可能出现的情况，积极向周围的人学习适应方法。遇到障碍或困难时，应主动寻找解决方案，必要时寻求老师、父母或校内心理咨询老师的帮助。

（三）适应不良的形成因素

（1）气质与性格差异：气质和性格是影响大学生适应性的重要因素。热情奔放的胆汁质和开朗活泼的多血质学生适应性强，融入新环境快。黏液质和抑郁质的学生则较为沉静，适应速度较慢。外向性格的学生适应性较好，而内向性格者则相对困难。

（2）家庭压力：家长对孩子的期待，尤其是升学与就业的压力，会对大学生造成巨大负担。过度灌输这些压力会让他们对未来忧心忡忡，加剧他们的心理压力。

（3）心理准备不足：一些学生对大学生活的变数缺乏充分准备，事先未能充分估计可能发生的变化。他们往往沉浸于对大学生活的美好憧憬中，但一旦遇到新情况，就用过去的标准去衡量，产生失望情绪，对新环境难以适应。

面对这些问题，我们应帮助大学生克服过渡期的心理障碍，逐步适应新环境。

第二节　大学生自我意识的觉醒

大学生的心理健康状况与其自我意识密切相关。许多心理健康问题，直接或间接地与自我意识息息相关。通过解决大学生的自我意识问题，可以有效改善心理健康状况。

一、自我意识的概念及类型

现实生活中，我们往往陷入这样的误区：我们对自己最熟悉，但在许多时候却不认识自己。我们会感到困惑：我是谁？我的性格、能力如何？我的生活目的是什么？为什么别人能成功而我不能？别人如何看待我？未来我会怎样？这些问题统称为自我意识或自我观念。

（一）自我意识的概念

自我意识是对自己以及自己与周围世界关系的认识、体验和评价。它是一个复杂、多维、多层次的心理系统，有特定的发展历程、丰富的内容、多样的表现形式。

按自我观念划分，自我分为现实自我、投射自我（即镜中自我）、理想自我；按内容划分，分为生理自我、社会自我、心理自我。

弗洛伊德将自我分为三个部分。

(1) 本我：根据"快乐原则"行事，无道德是非和时空限制，无所顾忌地寻求本能需求的满足，彻底消除心理紧张。

(2) 自我：本我的现实化、理性化。它代表人格中的理智和意识部分，遵循"现实原则"，在不造成更大痛苦的前提下，满足本我需求。

(3) 超我：道德化的自我，用理想确立行为目标，用良心监督行为过程，使自我摆脱本我的纠缠，按照社会规范行事。

（二）自我意识的统一类型

当自我意识未形成时，个体是混沌的；当自我意识不准确时，个体是痛苦的。整合不同自我，使之协调统一是必要的，分为以下五种类型。

（1）现实型：完善现实自我，修正理想自我，达到统一。

（2）积极型：完善现实自我，与符合社会发展的理想自我统一。

（3）庸碌型：放弃理想自我，迁就现实自我，达到统一。

（4）消极型：理想自我与现实自我在不符合社会发展要求时统一。

（5）虚假型：通过对现实自我的过高评价或虚妄判断，达到与理想自我的统一。

二、自我意识的特点

大学生的心理健康与自我意识息息相关。了解自我意识的特点，可以帮助我们更好地理解大学生的心理健康状况。

（1）发展中的矛盾性：自我意识的萌生、发展、完善和成熟是一个动态过程，在这个过程中包含着主体自我和客体自我、理想自我与现实自我之间的矛盾。理想自我是由社会要求和个人目标构成，而现实自我则是日常中的真实表现。现实自我往往落后于理想自我，这种不满足的矛盾会导致不安和焦虑。通过努力奋斗，可以使两者在新的水平上不断统一。比如某学生立志考取博士，将科研作为实现价值的途径，但由于种种客观因素限制暂时未能实现，这种矛盾促使其不断努力，最终实现目标。

（2）形成中的统合性：自我意识的形成是一个不断整合的过程，与人交往中加以统一。一个成熟、心理健康的个体应对自我有清晰、完整、持续和相对稳定的认识。统合性危机会导致自我概念的不完整，各部分松散、混乱、矛盾，产生空虚、烦恼和茫然的感觉，难以适应社会生活。

（3）个体的独特性：自我意识的独特性包含两层意思：首先，自我意识是个性的重要组成部分，具有独特风采。其次，自我意识的发展从他律到自律，经历一个复杂缓慢的过程。幼儿阶段处于他律时期，依赖他人的评价，比如"爸爸说我聪明"；随着成长，逐渐内化他人判断为自我评价，形成自我认识与评价，进入自律阶段。

（4）整体的形象性：自我意识的形象性指的是对自己的认识，就像在镜子中看到自己形成的"镜中自我"。站在现实世界的镜子前看到的是生理形象，而在社会生活的镜子中看到的是社会形象。心理学家柯里认为，自我意识的形象包括三个因素：被他人看到的姿态的自我察觉、他人评价与判断的自我想象，以及由此产生的自尊或自卑等心理感受。

三、大学生自我意识的发展特点

大学时代是自我意识发展的关键时期,许多新的特点也在这一阶段出现。

(1) 发展自我认知:大学生在进入大学之前,主要关注学习和升学。然而进入大学后,面对全新的环境、知识和前景,他们需要调整心态,以适应新的大学生活。这个过程中,他们的自我认知也得到了发展。他们开始全面探究自我,了解自己的能力、智力水平、创造力等。随着与异性同学交往的增多,他们开始关注自己是否具有吸引力,并探索自身的心理性别特点。他们更加关注自己在班级中的地位与威信,希望了解别人对自己的评价,以及在他人心中的形象。在这个过程中,大学生开始探索自我的社会本质,包括社会角色、地位、义务和价值,例如"我应该成为怎样的人?"以及对个人生活价值的探究,例如"真正的幸福是什么?"这种自我认知的发展过程中充满矛盾和冲突,但正是这些矛盾的解决,使自我意识逐步完善。

(2) 发展自我体验:大学生意识到自己已是大学生,与未考上大学的过去同学相比产生了优越感。优越感改变了他们对学习、事业、老师、朋友等的态度,产生了更高的要求。随着成长,他们也逐渐认识到自我价值,并产生自尊感。当主观的自我与社会的自我、理想的自我与现实的自我之间产生矛盾时,大学生会力求实现理想并获得社会承认。然而缺乏他人理解时,他们可能产生孤独感。但当矛盾转化后,他们的孤独感也会减弱。在现实自我与理想自我之间差异较大时,大学生可能产生心理冲突,进而感到苦闷。他们也会面对陌生的集体和复杂的社会选择,对人际关系产生惶恐感,对品行评价和异性态度敏感。

(3) 发展自我意识:大学生在发展自我意识的过程中,他们希望摆脱对他人的依附,希望按照自己的意志行事,这种独立意识可能与校纪校规和成人管教产生矛盾。通过教育和自我修养,他们对自我提出更高要求,确立理想自我,根据主观和客观因素调整计划,并能根据评价反思调整目标,提高自控力,减少行动盲目性和冲动性。

四、大学生自我意识的矛盾和偏差

大学生在某些时候可能会感到敏感、情绪化,容易受到心理伤害;有时又会感到自卑,觉得自己无能、无用,得不到他人关注和社会尊重。这些感觉反映了大学生自我意识中的矛盾和偏差。

（一）自我意识中的矛盾

大学生的心理尚未成熟，其自我意识发展并非一帆风顺。在"矛盾—统一—新矛盾—新统一"的过程中，自我意识逐渐由盲目依赖向过度自我，再到毕业前的沉稳理性转变。其矛盾主要表现为以下方面。

（1）主观我与客观我之间的矛盾：主观我是个人对自己的认识和评价；客观我是他人对个人的认识和评价。由于评价标准不同，或双方认识不全面，主客观我之间会存在矛盾。结果可能是个人维持原来的自我评价，或按照他人评价修正自我意识，使其向社会所期望的方向发展。

（2）理想自我与现实自我的矛盾：理想自我是头脑中构建的理想形象，现实自我是通过实践反映出的真实形象。这两者之间的矛盾可能导致个人努力改善现实自我，或降低理想自我标准，甚至放弃追求。

（3）自尊心与自卑感的矛盾：大学生对自身能力、才华和未来充满信心，但遇到比自己更优秀的人时，会感到自卑，否定自己，自尊心和自卑感间产生矛盾。

（4）自立与依附他人的矛盾：大学生希望自立，摆脱家庭和学校的束缚，独立处理问题，有时甚至认为不需要他人帮助。但实际上，独立不等于独来独往。认识独立与依赖之间的关系，才能避免阻碍自我意识的正常发展。

（二）大学生自我意识的偏差

大学生自我意识的偏差主要表现为自我意识的混乱，包括以下几组相对的表现形式。

1. 过度自我接纳与过度自我拒绝

（1）过度自我接纳：大学生可能不切实际地高估自己，忽略自身缺点，放大他人不足，觉得别人一无是处。一方面，这种学生盲目乐观、自以为是，难以接受批评，认为自己品格高尚、才智无人可及。另一方面，他们往往盲目自大、骄傲自满，目标超出能力，一旦失败容易受到情感伤害，严重时甚至出现自我扩张的变态心理。

（2）过度自我拒绝：大学生可能难以容忍自己的缺点，不断指责和苛责自己。适度的自我拒绝能使人反省，但过度会忽视自身优势，产生自暴自弃的心理，对生活和未来失去信心，甚至想结束生命。在人际交往中，他们可能采取"我不好—别人好"或"我不好—别人也不好"的模式，导致对自己的全面否定。

2. 自尊与自卑

自尊是一种积极心理品质，是对自己的肯定态度，能激发潜能，推动人积极进取。但自尊需有度，过度会导致自负，难以接受批评，目空一切。我行我素，难以与人和睦相处。为了维护虚假的自我评价，他们可能对批评过于敏感，要么凌人盛气，要么封闭自我。即使自尊心强的大学生也可能因种种因素出现低自我评价。

3. 过度自我中心与从众心理

从众心理是一种常见的社会心理现象，指个体受到群体或舆论压力，在观点和行为上趋向与多数人一致。高校中，大学生普遍存在从众心理，分为积极和消极两种：

（1）积极从众心理：在良好的社会风气和正确舆论导向下，大学生会形成积极进取的从众心理。例如，班级宿舍中的优等生或英语过级者集中，同伴间相互激励，共同努力学习，这是一种积极的从众心理。

（2）消极从众心理：在不正之风影响下，大学生有可能形成不求进取的从众心理，如消费攀比。部分大学生不顾经济状况，在吃喝玩乐上大肆消费。这种消极的从众心理是自我意识薄弱，独立性不强，缺乏正确世界观、人生观和价值观的结果。

4. 过分独立意识与逆反心理

独立意识是大学生自我意识发展的标志之一，表现为他们希望摆脱监督和管制，自主处理生活、学习和工作中的问题。然而由于缺乏经验，大学生可能出现过分独立意识：他们可能天马行空、独来独往，不屑于听取他人意见，过度自我中心，解决问题时只考虑自身，很少顾及他人，导致人际关系紧张；逆反心理是一种非理性的产物，具有极端性、放纵性、盲目性和抵触性。例如，大学生可能完全拒绝他人要求，或盲目反其道而行之，或对社会行为规范表现出抵触。

当大学生出现自我意识偏差时，会感到矛盾和痛苦。严重时需心理咨询或治疗，轻度时可自我调节。大学生应积极进行自我教育，树立正确自我意识。

五、客观认识自我

认识自我是一项重要的任务，需要从以下方面入手。

（1）生理特质：了解自身的身体、相貌等生理特征。

（2）心理特质：认识自身的气质、性格、能力、兴趣、爱好、意志品质等。

（3）社会地位：了解自己在大学生群体中的位置，以及在人际交往中的形象和职业理想。

为了深入认识自我，可以采取以下方法。

（1）内省：古人云："吾日三省吾身。"大学生可以通过日记等方式进行内省和自我分析。例如，有人说某大学生爱出风头时，他可以通过分析，确认自己是珍惜锻炼机会还是寻求表现自我的机会，从而修正行为。分析自我需要勇气，但对自我缺点和深层念头的内省是必不可少的。

（2）科学测量：大学生可以通过科学测量了解自身情况，如智力测验（如韦氏智力测验）、人格测验（如卡特尔16种人格因素测验）。需要注意的是，心理测量应使用科学工具，由专业人士进行，不科学的测量会造成认知混乱。

（3）比较：通过与他人比较，大学生可以了解自己的学习成绩、能力、气质、性格等。此外，与理想标准比较可以激励大学生追求更高标准，达到理想境界。

（4）成绩：大学生的成绩，包括学习、社会活动等方面。高分考试、广泛阅读、成功组织活动、调解矛盾等，都能反映其学习方法、兴趣广泛、领导才能等。

（5）他人评价：大学生可以通过他人对自己的态度和评价来认识自我。如同学向某人请教说明其学习优秀且乐于助人，乐意与其交谈合作表明其亲和力高，同学选其为班干部说明其有威信和号召力。反之，如果同学反感或疏远某人，他应认真反省自身。

第三节 大学生活中的心理问题分析

一、大学生的学习心理问题

学习不仅与智力因素有关，还取决于动机、情感、兴趣、意志、个性等非智力因素。现代大学生不仅要完成学业，还要面对就业和生活的压力，承担社会义务。这些现实问题增加了学习的心理障碍，并影响了学习效果。解决这些问题是取得学业成功的关键。

（一）缺乏学习动机

学习动机是指引学习活动并指向目标的心理倾向。它是学习积极性的源泉，包括学习需求和诱因。学习需求包括成就欲望、好奇心、求知欲、探索愿望等。一些大学生希望在学业上取得成就，以证明自己的能力和价值。成就感驱使他们追求卓越，努力在考试、课程和研究中取得优异成绩。大学生常常对新知识和新领域感到好奇。这种好奇心推动他们探索未知领域，尝试新学科、新技能，从而扩展知识面。求知欲是一种内在的学习动力，促使大学生不断寻求新的知识和见解。他们希望深入理解所学课程，在课堂上积极参与，并在课外进行延伸阅读。大学生的探索愿望体现在对问题和现象的深入研究上。无论是科研、实验还是项目，探索愿望都驱使他们持续钻研，寻找答案。学习诱因包括考试分数、奖学金、"三好学生"的荣誉等。分数是衡量学习效果的重要指标。为了取得高分，大学生们会更加努力学习，以提升成绩。奖学金不仅能减轻经济负担，也是对优秀学生的肯定。获得奖学金的诱因促使大学生努力学习，争取更高的成绩和荣誉。获得"三好学生"等荣誉是对学习努力的认可，也是外部诱因之一。大学生们渴望这些荣誉，以证明自己的价值，并得到同学、老师和家长的认可。

耶克斯-多德森定律表明，适中的动机水平最利于学习。动机过强会增加心理压力和生理不适，降低学习效率；动机过弱则导致动力不足，学习效果不佳。

（二）缺乏学习动机的表现

一些大学生在学习中缺乏自尊心和自信心，认为自己没有学好的潜力。这种心理导致他们不主动寻找学习策略和方法，也不积极应对学习中的挑战和变化。他们可能觉得学业没有意义，因此难以集中注意力听课，不愿意投入时间和精力深入学习。在长期的消极态度影响下，这类学生难以适应大学学习环境，与周围同学产生差距，进一步削弱他们的学习动机。

一些大学生进入大学后，觉得自己在高考等升学过程中付出了太多，因此产生补偿心理。他们不愿意再继续努力，反而认为应该通过娱乐、游戏或其他活动来"弥补"之前的付出。即使上课，他们可能"身在曹营心在汉"，课后也很少学习，甚至完全放弃学习。缺乏明确的目标和使命感，他们的主要精力投向了娱乐、社交、游戏、恋爱等方面，导致学业受挫，难以顺利完成。

（三）学习动力缺乏的原因

1. 目标不明

中学生的学习目标通常是考入大学，而大学生的学习目标则不够明确。有些学生为找工作，有些为升官发财，还有些为追求理想。然而，一部分大学生目标急功近利，缺乏社会责任感，将大学视为人生的跳板，导致以下结果：

（1）"60分万岁"：部分学生满足于学业的最低要求，将之视为标准，只求混到毕业证，不被淘汰。

（2）"瞎忙乎"：一些学生认为学得再好也是徒劳，因为大家都是同样的毕业证。他们对奋发向上的同学嗤之以鼻。

2. 学习受挫

大学教学模式和学习方式与中学大有不同，弱化了教师的主导作用，强化了学生的自主学习。一切学习活动不再由教师负责，学生需自定专业、发展方向、重点和难点。部分学生难以适应这种变化，与他人比较后产生差距，进而焦虑、自卑、失落，甚至患上抑郁症。

3. 错误归因

归因是对行为原因的分析。对于同一事件，不同人会有不同归因。有人将考试失败归因于运气不好、同学作弊或试题偏题。有人将失败归因于老师教学无能。有人将失败归因于自己不够认真或学习方法不当。当学生归因于自身不足时，学习动机增强；归因于外部因素时，则会原谅自身不足，学习动机减弱。

4. 外部原因

外部因素也影响学习动机。例如，知识经济时代和经济全球化冲击了传统学习观念，使知识成为功利工具。大学生根据专业"含金量"选专业，追逐热门专业而非兴趣，也会导致学习动机缺乏。

二、学习动机过强

（一）学习动机过强的问题

心理学研究表明，学习动机对学习活动起着发动、推进和维持的作用，但这并不意味着动机越强，学习效果就越好。动机过强或过弱都会导致学习效果不佳。

1. 学习动机过强的表现

（1）注意力高度集中：这些大学生对学习投入了几乎全部的时间和精力，把学习视为至高无上的事情，不愿参与与学习无关的活动。他们关注分数、名次，希望获得师长和同学的认可。传统观念"万般皆下品，唯有读书高"对他们影响深远。

（2）学习焦虑：有的大学生常常感到紧张不安，心理压力大，甚至出现失眠、心悸、食欲下降等症状，无法集中注意力，学习效率降低。他们不能享受学习的乐趣，认为学习是一件苦不堪言的事情。

（3）容易自责：部分大学生对自己要求严格，不能容忍学习失败。面对失败，他们感到挫败不安，为自己设定更高目标，施加更大压力，无法享受成功的喜悦，认为自己应做得更好。

2. 学习动机过强的原因

（1）成就动机过强：由于对自身能力认识不全面，一些大学生的抱负和期望超出实际水平，导致心理失衡，学习效果不佳。

（2）不恰当的认知模式：他们认为努力和勤奋是成功的唯一条件，而忽略了自身能力、环境因素的重要性。努力只是成功的必要条件，而非唯一条件。

（3）补偿心理：一些大学生希望通过学习上的出色表现弥补其他方面的不足。他们进入大学后缺乏兴趣爱好，只能依赖学习上的成就来引人注目。

（4）外部强化：社会传统文化赞扬勤奋努力，将动机过强者视为榜样，导致他们看不到过强动机的危害。此外，性格特征、家教严格、恋人期望等因素也会导致学习动机过强。

（二）解决学习动机过强的方法

1. 建立正确的认知模式

大学生应认识到不切实际的学习目标并进行调整，抛弃错误观念，如"只要努力就能成功"或"别人可以失败，我不可以失败"。正确的认知模式应包括以下两方面。

（1）成功=努力+能力+方法+环境：成功不仅取决于个人努力，还需要能力、方法和外部环境的配合。

（2）成功=个人才能+社会机遇：社会机会也是成功的重要因素。

大学生应学会把关注点聚集在学习过程中，而不仅仅是结果上。

2. 建立恰当的自我评价系统

成就动机过强的大学生应充分认识自身能力，树立符合能力水平的理想和抱负，既不高攀也不降低标准。制定与远大目标相结合的阶段性目标，循序渐进地学习。

3. 宽待自己

如果大学生具有补偿心理，他们可能希望通过学习成绩来保护自尊，进而承受巨大压力。因此，他们需要适当调整期望值，以宽容心态看待成败，降低对成绩的敏感度。通过放松法、系统脱敏法等科学方法克服或避免学习焦虑。同时，他们应积极参加有益身心健康的校园活动，培养广泛兴趣爱好。

三、学习方法障碍

（一）学习方法障碍及原因

大学生，特别是大一新生，进入大学后首先面临着适应自主式学习的过程。很多人难以顺利度过这一阶段，找不到合适的学习方法，导致学习效果不理想，主要表现为以下几个方面。

（1）学习观念不更新：大学教育方式和教学模式的变化要求学生更新原有的学习观念。教师的教学不再面面俱到，而是提纲挈领地抓住理论要点，讨论话题不再拘泥于教材内容。学生需理解课堂知识，掌握相关知识，阅读书籍和文献资料，并提取有用内容。许多大一新生面对大量教材和资料文献，感到困惑。

（2）学习方法不当：大学学习具有强专业性和自主性，但一些学生缺乏有效方法，具体表现在以下方面：①时间分配不当。学习时间应根据内容难易程度来分配。对复杂内容应集中短时间学习，提高理解掌握能力，避免疲劳；对简单内容则可分阶段学习。心理学研究表明，过度学习有助于记忆保持，但超过50%后效果下降；②抓不住学习重点。大学生希望掌握更多生存本领，有些陷入盲目学习，具体表现为：注重专业技能，但参加校外辅导会加重负担；追求各种证书，导致专业课成绩下降；想学的知识太多，但抓不住重点；刚学一门技能又想学另一门，甚至没学会就转向其他。③不会自学。有些大学生认为自习就是自学，把复习课堂知识当作自学过程，不知道如何拓展深化。实际上，他们应在掌握课堂知识外，还需学会其他知识，掌握方法。④不会迁移。迁移是指先前学习对后续学习的影响。在大学阶段，理论与实践结合是专业学习特色，需具备知识迁移能力。但一些学生无法将新知识与已有知识相结合，不能延伸到新领域，导致无法融会贯通。

由于学生学习中抓不住重点，分不清主次，往往"摘了西瓜却丢了芝麻"，尽管竭尽全力，学习效果却不佳，导致心理压力沉重。

（二）解决学习方法障碍的方法

1. 树立正确的学习观

大学生应对"为什么学""学什么""怎么学"等问题有系统认识。学习观的正确性是学习方法的基础。大学生应建立以下四个方面的学习观。

（1）科学学习观：学会学习本身是一门学问，需要建立科学的学习观。

（2）创新学习观：创新是大学生学习的特点和目的。大学生的创新学习具有能动性、独立性、超前性和参与性等特征。

（3）自主学习观：基于自我了解的自主学习，对自身水平进行评价后，根据学习目标选择合适的方法，安排学习过程。

（4）大潜力、高目标观：心理学研究表明，人的潜力是无穷的。大学生应相信自己的潜力，树立自信心，设立高目标。志向高的人才有可能取得好成绩。

此外，勤奋学习、在实践中学习、全面学习等观念也很重要。

2. 掌握高效的学习方法

不同学生有不同的学习方法，但高效的学习方法具有以下特征：

（1）培养良好习惯：制定科学的学习计划，有效利用空闲时间，避免浪费。

（2）掌握学习技巧：学习需脚踏实地，但掌握一定技巧可以事半功倍，包括：

（3）科学用脑：大脑有"兴奋状态"和"抑制状态"，需在兴奋时学习，在抑制时休息。

（4）利用正迁移原理：将知识系统化，学会举一反三。

（5）遵循记忆规律：及时复习、反复记忆等。

3. 合理安排学习时间

大学生需科学安排时间，包括以下方面。

（1）总体安排：分配理论学习、社会活动和实践的时间，以理论学习为主。

（2）具体安排：分配课程学习、知识拓展、不同课程之间的时间，以及具体的学习日程安排。

四、大学生常见的人际沟通问题

（一）大学生常见的人际困扰

1. 理想模式带来的失落

如果一个人以友谊的理想模式为标准来衡量生活中的人际关系，就会导致高期待值与高挫折感并存。进入高校之后，许多大学生都有强烈的人际交往的欲望，但又常常感到人际交往很困难，原因是许多大学生对人际交往的追求往往带有较浓的理想主义色彩，把友谊的标准作为人际交往的原则，一旦发现对方有某些缺点就深感失望，甚至产生挫折感。进而表现为许多大学生经常津津乐道于过去的事情，而对于现实生活中的人际交往却表现出强烈的不满。

2. 缺乏信任与理解

缺少人与人之间必要的信任与理解，人际交往平淡。很多大学生存在逆反心态，缺乏合作精神，甚至视同学为敌手；有的同学自高自大，瞧不起别人；有的同学群体意识严重滑坡，对周围的一切漠不关心；同学之间缺乏必要的宽容精神，甚至会为一些鸡毛蒜皮的小事大打出手。

3. 缺乏人际交往的基本技能

这类同学一般都渴望交往，但由于交往方法欠妥、交往能力有限、个性缺陷或交往心理障碍等原因，在交往过程中既不了解自己，也不了解别人，导致交往失败。长期的交往失败，使得一些人把交往看成是一种负担，渐渐地变得自我封闭。

有这样一个例子，大学一年级女学生汪某，家人非常重视其学习成绩，从小学到中学，除了学习不许她参加任何其他活动，也不许她和同学玩耍，假期她都是被关在家里学习。上大学之前，生活上的一切事情都由父母包办，什么事情都不让她自己决定。上了大学，她开始独立面对群体生活，由于严重缺乏与人交往的经验，一下子陷入了茫然和困惑的境地。她缺乏独立性，凡事都希望有老师或同学帮她解决，但又不明白应该给予别人感谢和回报。如果别人没有如她所愿去帮助她，她又会对别人产生怨恨。她既不会做决定，也不懂承担责任，并且没有独立解决问题的能力。她慢慢地变成同学眼中的累赘，大家都不愿与她接触，更别提做朋友了，女孩觉得孤独又自卑。

这就是典型的由于交往经验不足而导致的交往失败的例子。一个人在成长的过程中，必须要在与同龄人的交往中学习人际交往的基本技能，而不要以为长大了就会自然而然知道为人处世的道理。所以，我们应该鼓励孩子从小就多接触社会生活，多参加集体活动，多与不同的人相处，使他们在多场景、多层次的交际活动中建立深刻的感觉，积累丰富的经验，了解人际互动的基本规律和原则，在失败中总结经验，在成功中树立信心，慢慢地成长为一个社会人，拥有良好的人际关系。

这个女孩要想摆脱人际交往的困境，必须从头再来，抛开自卑和怨恨，勇敢地走进社会生活中去，在交往中重新认识自己、了解他人，补上人生中必不可少的这一课。

（二）产生人际困扰的原因

在大学生中造成人际困扰的原因很多，其中大学生的一些不良个性心理特征、利益冲突、信息差异、情绪对立、报复冲突等是引发交往危机的主要原因。

1. 不良个性心理特征

引发交往危机的不良个性心理特征主要有以下几种。

（1）自我封闭。

表现为不愿与他人交往，喜欢独来独往，不合群。由于不善于主动与他人交往，感到孤立，自我心理压力较大，生活态度不乐观。

（2）自我否定。

表现为较自卑，由于在学习、社交、经济、家庭、相貌等方面不如别人，有强烈的失落感。遇事往坏处着想，对自己没有信心或过于自负，对同学和老师的话过于敏感。

（3）自我欣赏。

表现为不易与他人相处，但自我感觉良好，在各种场合都希望自己是中心。因为较为关注自己，对他人的感受不在意，不尊重别人，自我定位偏高，容易引起他人反感。

（4）盛气凌人。

由于一直是家庭、学校和社会的宠儿，走进大学后依然受关注，造成心理上的优越感，肯定自己，否定他人。在交往方式、态度上的尺度把握不好，故对他人的伤害要大于自己。

2. 利益冲突

在争取自身最大利益的过程中同他人产生的冲突。例如，评选优秀班干部，你和另一位同学条件都差不多，可是名额只有一个，此时就容易产生人际矛盾。

3. 信息差异

由于人的经历、知识、经验和态度特别是价值观的不同，人们对同一事物往往会有不同的认识、理解和评价，从而造成人际冲突。如大学生宿舍中常因争论某一个问题而造成人际冲突。

4. 情绪对立

当人们处于情绪上的对立状态时，很容易产生人际冲突。如大学生因违反校规校纪，受到批评时产生对立情绪。

5. 报复冲突

报复是人际冲突产生的主要根源之一。俗话说："以眼还眼，以牙还牙"，就是指人们对于别人的侵害行为往往采取同样的形式进行回报，"给对方一个教训"。如大学生 A 让大学生 B 在女生面前丢了面子，B 就会想办法让 A 也丢一回面子。

五、大学生面临的就业困扰

毕业、就业是所有大学生都要面对的一个人生重要事件。生活环境的重大变化会给大学生带来主观上的无权感。无权感是他们对自身缺乏能力的一种主观感受，是无权事实的内化过程。他们经常感到自卑，进行自我贬值，更不相信自己有足够的潜力去改变当下的状态。可见，能力不仅表现为一种客观存在，也表现为他们的一种心理状态和主观感受。就业心理困境就是一种不良的心理状态和内心表现，这里主要包括紧张焦虑、急躁偏执、盲目从众、攀比心理，自卑或是自负心理。

（一）毕业造成的紧张焦虑

紧张焦虑是指大学生在就业择业过程中受到挫折或是就业困难时所产生一定压力，从而出现紧张和焦虑等情绪体验，主要表现为心跳加快、呼吸急促、注意力不集中、无力应付等，严重的会压抑消沉、失眠等。心理学研究表明，适度的焦虑情绪可以给人以压力感，让人获得动力，但持续焦虑情绪或是过度焦虑会扰乱正常生活，导致出现心理困境。

毕业生 X1：向一些企业投了简历，但是大多数都被拒了，有些直接石沉大海，感觉找工作好难，觉得上大学白上了，自己压力很大的，晚上睡觉时总是在想找工作。

毕业生 X3：前几天收到了第一份面试通知，超级紧张，怕去面试丢人，又怕错失这个机会，真的不敢去面试，一度想要放弃，舍友们一再鼓励才去参加。面试的时候手脚冰凉，考官问问题的时候有点蒙，非常紧张。

毕业生 X6：马上要毕业了，还没有找到工作，周边不少同学都签约了，自己有点着急，既想找工作又无从下手，一点目标都没有，很焦虑，不想跟其他同学交流情况。

在大学期间，学生主要的任务是进行学习，没有对外界的社会环境进行接触，对社会的现实了解得较少，就算是对社会现实进行接触也是少量的接触，没有真正的作为社会的成员进行融入，这样就会给学生的心理产生一定的预期，认为社会没有想象中的复杂，对现实的预期不够在这样的背景下一旦进入社会，和自身的预期存在一定的偏差，就会出现一定的心理问题。而且，在大学中接受的教育还是较为理想化的，对自身的理想的实现和残酷的现实之间存在一定的差异，一旦在现实中接受的预期压力过大，正常的心理会出现一定的落差，造成一定的焦虑心理。

大学生的就业观点在大学时期没有进行适当的辅导，在进行实际的招聘的过程中不能很好地进行沟通，对自身的就业状态没有很好地进行规划，一旦出现和自身的规划不一致的现象就会造成一定的心理落差。同时，因为在大学的时候专业课的学习主要是针对理论，而现实的工作岗位较多的要求实践的经验，这样就造成学生在进行工作应聘的过程中总出现碰壁的现象，这样的情况碰到的较多就会造成一定的焦虑也理。而且大学生在就业的过程中普遍对职位要求过高，因为掌握的专业知识相对的较多，就希望自身的岗位和薪资收入要高，但是在实际的工作中不论是自己专业知识的多少，只要实践能力不行也不能获得较好的职位，因此大学生在进行工作岗位的选择的过程中经常出现一些无法获得和自己理想职位相符的工作岗位"，造成一定的焦虑情绪。

家庭的预期也会对大学生的心理造成一定的影响，大多数的家长在面对学生毕业后的职业选择的过程中期望过高。但是随着教学的不断改善，教学扩招的不断增加，毕业生的数量也是逐年的增加，这样的背景下学生的就业压力会越来越大，但是家长不理解学生的实际就业情况，认为只要进入大学就可以取得较好的就业机会，如果学生的就业和预期的情况不符，就会受到来自家长方面的压力，这同样也会造成学生在就业中的焦虑心理。

（二）急躁偏执

急躁心理表现为大学生在找工作过程中抗压能力不足、自控力差、烦躁不安；而偏执主要表现为对自身缺乏正确认知、自我定位不合理，要不自降标准，要不就要求过高，偏执做决定。

毕业生X2：最近又跟男朋友吵架了，自己也知道不是他的问题，但是实在控制不住自己的情绪。前几天公务员考试失败了，把怒气都撒到了男朋友身上，事后也知道不对，但是就是难过，感觉身上有重物压得快喘不动气了。

毕业生X4：我目标的工作地点就是上海，其他的地方不想考虑。自己也知道这样找工作限制会非常大，确确实实也碰了很多壁，有的时候也很心烦，稍微有一点事情的刺激，就控制不住自己。

辅导员F1：我做毕业生就业工作好多年了，发现学生有一个普遍问题就是刚开始找工作时都是满腔热情，各处参加招聘会，恨不得不错过任何一个机会，但一旦付出得不到回报，就都开始急躁，好多学生毕业前还没找到工作就慌了。有的不管岗位适不适合自己，都没想清楚就签约了；还有一部分就是没有考虑到自身能力、专业，对自己心仪的岗位一意孤行，给自己无形中增添了很多压力。

从开始找工作时的斗志高昂到努力没有得到回报时的失落，自信心受到打击，急躁就成了不可避免的心理困境，而这些急躁的情绪往往会发泄在自己亲近的人身上。对于自身向往的职业，部分学生表现出没有妥协的余地，一意孤行使得其越发偏执，容易错失就业机会，陷入更加焦躁的情绪，缺乏情绪控制的能力。

（三）从众心理

从众心理就是我们平时所说的"随大流"。它是指大学生对自身特点、职业目标、所处环境等未有明确的认识，易盲目听从或跟随他人的意见，脱离自身实际状况，不会扬长避短。

毕业生 X2：我一直在准备公务员考试，其他的也没考虑。主要是因为我们班同学都在考，我也想考，大家都觉得体制内比较稳定。我也没想那么多，先考着吧，考不上再说。

毕业生 X5：我学火力发电的，但想去银行工作，因为我们专业发展前景一般，我们宿舍好几个都不做本行，又累又苦，谁不想以后每天穿着制服，坐在办公室里光鲜地工作。

可以看出部分大学生自己没有目标、没有计划，不能从实际分析自身条件，别人找什么工作，自己就找什么工作，盲目追求所谓的热门职业，缺乏挖掘自身优势和缺点的能力，没有主心骨。这些表现实际上是没有定好人生目标，没有做好职业生涯规划造成的。"职业"比较好理解，"生涯"一词大家可能比较陌生。从字面上看，"生"原意为活着，"涯"为边际，生涯连起来是一生的意思。但这是一个舶来词，由来已久。生涯的含义是道路，即人生的发展道路，或指个人一生的发展过程，也指个人一生中所扮演的系列角色与职位。既然世界变化无常，为什么我们还要做规划？这两句话是视外来事件为主宰力量，虽然我们不能完全地控制这个世界，但我们并未失去控制的能力。当我们注意着"变化"的连续轨迹，也就更能增加这种控制的能力。说得大一点，有的职业会因社会或时代的变迁而消失；说得小一点，可能因一些事件导致失业，但职业世界的结构还是雷同的。一个优秀的冲浪者永远能把握最佳的角度与时机，在浪花里表现出最优美的平衡姿势，虽然波涛的翻腾是千变万化的。我们不能因为世界变化快，而放弃自己的主动规划。是的，不搞职业生涯规划，也可能获得事业成功。但是如果搞了职业生涯规划，事业会取得更快的进展、取得更大的成就。

（四）攀比心理

攀比心理是指虚荣心强、喜欢比较、对自身技能、兴趣、价值观、性格以及目标不明确，关注周边环境，将注意力转移在周边的同学、朋友的择业情况上，无形中增加了自身压力。

毕业生 X4：我们班有个同学考进一所学校当老师。她平时学习一般，表现也不突出，能力也一般，我不比她差，我觉得我能找到更好的。身边的同学确实也无形中给了自己很多压力。

毕业生 X2：要不考公务员，要不去当老师。本行肯定不干，其他同学一个月赚七八千，干本行的话薪酬待遇都离自己的目标差太远。

毕业生 X6：其实压力有一部分是来自身边的同学，今天看见这个同学找到工作，明天那个同学找到工作，而且都是不错的工作，自己不希望比别人差的，但是越是这样，其实越是很有负担。

可见部分毕业生虚荣心过强或拿他人当标杆，总是将关注点放在他人身上，迷失自我，会导致一系列不良情绪的产生，影响自身就业选择的判断，缺乏过滤外界信息的能力。

（五）自卑怯弱

自卑怯弱是指大学生缺少正视现实的勇气，对自己的优势认识不够，怀疑自身能力，不善于为自身寻找适合的职业岗位，不能积极主动参与市场竞争，向用人单位展示优势、推销自我，从而产生对自己鄙视、不满的自卑怯弱心理。

毕业生 X6：现在本科学历真的不够用，感觉不考研就没有出路。前些天去应聘，最差的也是 985 的研究生，还有国外知名高校的毕业生，企业怎么可能要我呢？真的是一点优势也没有，不知道自己以后到底能做什么，很茫然。

毕业生 X1：面试的时候进行无领导小组讨论，大家都争先恐后地发表意见，我真是一句话都插不上。优秀的人太多了，我觉得我想进这种大型企业，真是不太行。现在面试至少要经过三轮，往往第一轮、第二轮就被刷了，有的网申都过不了，太受打击。失败得多了真是不想再去参加面试了。

面对就业的压力、求职的失利、他人的比较，一些大学生会出现自信心弱、自我评价低的心理。这些学生常常抱怨，不能大胆表现自我、展示自身优势，不能主动参与竞争，性格内向的学生尤其会出现自卑怯弱的心理，可见他们的抗压能力较差。

自卑是大学生在就业中经常遇到的状况，大学生在大学的生活和学习中没有深入的了解社会，因此在进行就业的选择过程中面临企业的各种"刁难"就会逐渐将自信心消耗殆尽，对自身的能力产生怀疑。大学中的学习毕竟只是理论知识的学习，对实践的接触较少，大学生在实践中认识事物的能力较弱，这样就会对自身的认知造成一定的偏差。

实践是检验真理的唯一标准，理论知识最终要通过实践进行运用。大学生的学习，较多的是接触理论的知识，对实践只是单独的听说，没有亲身经历，因此在进行实践的过程中就会出现一定的问题。用人单位在对员工进行选择的过程中倾向于选择实践能力较强的学生，对于那些只是具有理论知识而实践经验相对缺乏的学生，用人单位招聘得较少。这样的招聘方式下就有可能造成一个现象，平时在学校表现较为优异、理论知识学习较好的学生，在最终工作的选择的过程中往往没有取得较好单位的认可；相反平时学习成绩不是特别的优异但是实践能力较强的学生往往能够得到用人单位的认可。这个现象就会造成一些学生产生一定的自卑心理，对用人单位和自己失去信心，消极地面对就业问题，不再积极地争取，只是勉强自己找到差不多的岗位就可。对自己的职业规划也没有相对清醒的认识，只是单纯地认为就业就可以而结束自己的职业规划。这样的心理会对以后的工作和生活都产生较为不利的影响。在工作中这样的工作状态不会得到公司的认可，因此自己以后的职业规划和发展就较为困难，对以后的人生理想的实现也增添了阻力。另一方面对自身的生活态度也会产生一定的影响。如果不能积极地应对生活中的挫折和问题，今后的生活也会不尽如人意，这样不仅会对今后的生活造成消极的影响，同时还会加重自身的自卑心理，不能将自身的最好状态发挥到工作和学习中去，一生就会碌碌无为，不仅不能实现人生目标，甚至在社会上生存都艰难。

(六) 自负心理

自负是一种与自卑心理相对的状态。一些大学生因自身些许优势，内心便有夜郎自大的心理。这种心理将导致大学生在找工作时挑肥拣瘦，不能理性地审视自身，在就业大潮中迷失方向，导致与一些适合自身的工作擦肩而过。

毕业生 X4：不管是学校还是专业我觉得自己还是很有优势的，投的企业基本也都是大公司。有些企业明明并不知名，招聘要求却很高，说实话会瞧不上，但是得到的回应真的和自己期望不一致。既不愿意自降标准，又很失望。

毕业生 X6：校招开始之前我的期望是很高的，学历、实践经历让我觉得自己很有竞争力，但是找工作过程中打击还是很大。

辅导员 F1：有些工作学生基本是一股脑都想做，但是，并不是每个人都有能力去做。比如大学辅导员的工作，它往往需要在校期间有相关学生工作经验的学生干部才能承担起来，但是许多学生对自身没有正确的定位，应聘时无功而返。

"先就业再择业"，很少有毕业生会有这样的观念，大多想一步到位，找到自己满意的工作。尤其是知名大学、热门专业的学生，不能正确审视自身、过于自信，以至于错过就业机会，陷入困境。无法很好地自我定位也是一种能力缺乏的表现。

大学生对就业的现实了解得不够和价值取向出现偏差是造成大学生就业困难的重要影响因素。受到中国传统思想的影响，大多数的大学毕业生在择业的过程中，对单位的规模和发展前景比较在意，在受访的学生中56.07%的学生选择规模较大、发展较好的单位。

在对单位进行选择的同时，对城市的选择大学毕业生也有自身的一定倾向，希望留在东部沿海开放城市的受访者占据总人数的62.32%，能够留在农村或者偏远地区的不足2%，对本身就业压力较大的热门城市来讲更加激化就业矛盾。同时，大学毕业生虽然自身的专业素质较高，但是综合的素质和实践的能力还是存在一定的欠缺，无法达到用人单位的要求。一些大学生在学校期间完全没有参加过实践活动，仅仅是通过书本和网络对职业有一个大概的了解，缺乏应对工作中问题的能力和应变的能力，在应聘的过程中面对招聘单位提出的一些实际的问题，表现得完全不符合企业的用人要求，造成择业的困难和就业的压力，导致就业的机会降低。

经过调查，大学生在进行职业规划的过程中普遍地表现出职业规划偏高的情况，因为在大学中接受的都是高等教育和成功的案例，对社会的期望过高，但是现实中成功的案例并没有书本和课堂上传授得那样简单，要付出异于常人的努力才可以取得一定的成绩，但是大学的成功案例较为注重的是对成功案例的一些特殊的背景和特殊的方法进行介绍，对如何取得成功的历程没有深入的了解，就造成学生在进行职业的规划时过于乐观，对社会的现实考虑得不够清晰。大多数的大学毕业生对自身的工作充满憧憬，对自己的职位也存在一定的预期，因此在进行实际的招聘中遇到和自己预期不符的情况就会产生一定的心理落差。而且大学时学习的课程在进行实际的工作中并不一定完全适用，而且用人单位在进行招聘的过程中偏向于寻找具有工作经验和较多实习经验的学生，用人单位不用进行相关的培训就可以让学生接手工作，这个是用人单位最理想的状态。在进行实际的就业选择的过程中，大学毕业生根本不会考虑到上述的问题，这样就会造成其预期的工作和实际的工作存在一定的偏离，没有按照自身的计划进行发展。在进入工作岗位以后，首先面临的就是严峻的人际关系和诸多琐事，根本不是自己预期的工作状态。这样的就业方式很有可能会造成毕业生严重不满，不仅仅是对自身的工作状态，还有对生活的不满，非常容易诱发心理问题。

参考文献

[1] 罗希贝利．论高职院校辅导员开展心理健康教育的可行性——以湖南城建职业技术学院为例［J］．智库时代，2019（50）：132-133．

[2] 罗希贝利．浅析辅导员心理辅导工作与学校心理咨询工作的关系——以高职院校辅导员为基本视角［J］．教育教学论坛，2020（29）：68-69．

[3] 罗希贝利．浅析心理咨询技术在高校辅导员谈心谈话中的运用［J］．知识文库，2020（06）：163-164．

[4] 罗希贝利．"三位一体"全程式隐蔽性心理危机识别体系的构建与实践［J］．心理月刊，2023，18（14）：176-178．

[5] 李锦云；樊励方，檀娅娅，等．大学生心理健康辅导［M］．北京：北京理工大学出版社，2020．

[6] 徐友辉，何雪梅，罗惠文．高职院校学生教育管理创新研究［M］．成都：西南交通大学出版社，2018．

[7] 张娜，崔玲，刘玉龙．新编大学生心理健康教育［M］．北京：中国民主法制出版社，2021．

[8] 梁杰．新时期大学生心理危机的预防与干预研究［M］．北京：北京工业大学出版社，2023．

[9] 吕莹璐，陆雅君．心理健康与自我成长［M］．苏州：苏州大学出版社，2018．

[10] 丁海燕，赵杰主编；吴志勇，等．青少年心理救助［M］．武汉：华中科技大学出版社，2018．

[11] 王慧芬．大学生心理健康教育管理与实践［M］．北京：中国商务出版社，2023．

[12] 贺芳．教育管理与学生心理教育［M］．长春：吉林人民出版社，2021．

[13] 李晓敏，栗晓亮．大学生心理健康调适及其教育管理研究［M］．北京：中国纺

织出版社，2022.

[14] 段志忠，邹满丽，滕为兵．教育管理与学生心理健康［M］．长春：吉林人民出版社，2017.

[15] 郑祥东．中学生教育管理靓招集锦［M］．哈尔滨：哈尔滨工业大学出版社，2022.

[16] 冉启兰．教育管理理念与思维创新［M］．长春：吉林出版集团股份有限公司，2020.

[17] 邵帅．新生代大学生的心理行为特点及教育管理对策研究［M］．北京：北京工业大学出版社，2019.

[18] 王艳．高等教育管理与大学生心理健康教育［M］．成都：电子科技大学出版社，2017.

[19] 李秀玲，马东霞．心理健康教育［M］．济南：山东科学技术出版社，2021.

[20] 张鹏程．学习心理研究［M］．长春：吉林人民出版社，2020.

[21] 张胜洪．大学生心理健康与心理危机干预研究［M］．北京：中国书籍出版社，2022.

[22] 吴杰，张帅．高等教育管理与心理学研究［M］．北京：文化发展出版社，2020.

[23] 王坚，谢康．大学生心理健康教育［M］．苏州：苏州大学出版社，2022.

[24] 邱乐，陈理智，胡胜利．心理健康与调适［M］．长沙：湖南人民出版社，2020.

[25] 刘晓宇，全莉娟．大学生心理健康教育［M］．北京：新华出版社，2021.

[26] 徐玉婷．新时期学生教育与管理工作研究［M］．北京：北京工业大学出版社，2021.

[27] 王晶晶．大学生心理辅导实用途径［M］．北京：东方出版社，2022.

[28] 尹秋云．心理健康教育［M］．成都：西南交通大学出版社，2019.

[29] 罗旋，王倩婷，杜爽．大学生心理健康教育［M］．长春：吉林科学技术出版社，2019.

[30] 陈秀元，刘好贤．团体心理活动与辅导大学生心理健康教育［M］．苏州：苏州大学出版社，2021.

[31] 马立骥. 大学生心理健康教育与实训[M]. 上海：上海交通大学出版社, 2020.

[32] 张海婷. 高职大学生心理健康教育[M]. 北京：北京理工大学出版社, 2020.

[33] 刘佳编. 大学生心理健康实用教程[M]. 西安：陕西科学技术出版社, 2020.

[34] 王文科. 大学生生命与心理健康教育[M]. 北京：北京理工大学出版社, 2020.

[35] 陈艳. 大学生心理健康与安全教育[M]. 天津：天津科学技术出版社, 2020.